혼자 하는
영어 공부

- 인지과학 지식을 기반으로 한
합리적 영어 독학 -

이마이 무쓰미 지음 | 김수희 옮김

일러두기

1. 이 책의 일본 인명과 지명은 국립국어원 외래어 표기법에 따라 표기하였다.

2. 서양 지명 및 서양 인명은 영어 표기를 기준으로 했다.

3. 책 제목은 『』, 잡지나 신문은 《 》, 소설이나 노래, 영화와 드라마 등은 〈 〉로 표시하였으며, 이외의 인용, 강조, 생각 등은 따옴표를 사용했다.

4. 본문 중 굵게 표시한 것과 방점은 모두 저자가 강조한 것이며, 하단 주석은 저자가 단 주석이다.

5. 본문 일러스트는 원서 그대로 스튜디오 비리야니에서 작업한 것을 실었다.

6. 이 책은 산돌과 Noto Sans 서체를 이용하여 제작되었다.

들어가며

　이 책의 첫 번째 목적은 인지과학을 통해 알려진 '학습의 법칙'을 외국어 학습에 적용하고, 나아가 영어의 특징을 고려하면서 합리적 영어 학습법을 제안하는 것이다. '합리적 학습법을 제안하는' 것에 그치지 않고, '그 이유와 구조를 해설하는' 것이 이 책의 특징이기 때문에 기존에 나와 있던 무수한 영어 학습서와 차별화되어있다고 자부한다.

　어째서 '이유와 구조'가 중요할까. 'ㅇㅇ법'의 결론 부분만 배우면 정작 중요한 해당 학습법의 효율적 구조를 근본적으로 이해하지 못하게 되기 때문이다. 결국 해당 방법을 사용할 수 있는 범위가 한정되어버릴 것이다. 실용적 레벨까지 스스로 확장해갈 수 없다는 말이다. 어쨌든 언어 습득에는 결코 간단하지 않은 복잡하고 방대한 지식이 필요하다. 하지만 이유와 구조를 숙지하고 있으면 습득한 방법을 어떻게든 발전시키고 응용할 수 있다.

　단, 응용이 가능하려면 연습도 필요하다. 어떤 분야든

아무리 그 이치를 규명하고 이론적으로 연구해도 구체적 연습을 통해 몸으로 익히지 않으면 달인의 영역에 도달할 수 없다. 외국어도 결코 예외가 아니다. 그리고 비단 영어만이 아니라 다른 어떤 언어 경우도 마찬가지다. 언어를 자유롭게 표현해내기 위해서는 어휘가 필수 불가결한 법이다. 물론 문법적 지식도 필요하다. 사전을 한 권 통째로 암기해도 문법을 이해하지 못하면 해당 언어를 완벽히 구사할 수 없다. 그렇지만 어휘와 문법을 따로따로 완벽히 익혀도 언어를 사용할 수 있는 것은 마찬가지다. 문법적 지식이 어휘 안에 융합되어있지 않으면 언어를 자유자재로 구사하는 것이 불가능하다는 말이다.

그래서 이 책은 인지과학적 지식을 기반으로 '합리적 영어 학습법'을 해설하는 본편 10장과 함께 마지막 부분에 '탐구 실천편'을 실었다.

'탐구 실천편'에는 코퍼스corpus(언어 자료의 데이터베이스)를 활용해 동사, 수식어, 추상명사, 전치사의 의미를 탐구하는 연습문제가 있다. 각각의 품사에서 의미가 문법과 어떻게 관련되어있는지에 관해서도 고찰할 예정이다. 마지막으로 가산·불가산과 관련된 문법을 다루면서 '문법의 의미'에 대한 탐구 방법도 소개할 것이다. 흥미가 있는 독자분들은 꼭 시도해보길 바란다. 자신의 영어 실력 향상을 위한 학습에도 유용할 것이며 고등학생이나 대학생 대상의 영어 교재로 활용해도 무방하다.

이 책의 제안대로 꼭 그대로 따라 하지 않아도 된다. 다양한 코퍼스나 사전을 조합하여 자기에게 가장 적합한 방식으로 다양한 조사를 시도해보길 바란다. 그런 시도 자체가 그야말로 능동적인 영어 학습이 될 것이다.

이 책을 읽는 방법, 활용 방법

이 책은 2018년도 NHK 라디오 강좌 〈입문 비즈니스 영어〉 텍스트로 활용하고자 1년간 연재한 에세이를 재편성한 후 대폭 가필해서 완성된 서적이다. 에세이는 원래 매회 연재마다 독파를 전제로 작성된 것이기 때문에, 이 책 역시 처음부터 순서대로 읽지 않아도 된다.

1장은 기억이나 정보처리 구조가 영어 학습과 어떤 관련성을 가지는지에 관해 서술하고 있다. 필자의 저서인 『배움이란 무엇인가学びとは何か』(이와나미신서岩波新書)나 인지과학 관련 여타 서적들을 읽어본 경험이 있는 분들에게는 서두가 너무 길다고 느껴질지도 모른다. 그런 분

은 1장을 건너뛰고 읽어도 상관없다.

2장은 이 책에서 가장 중요한 인지과학 개념인 '스키마'를 소개한다. 그 재료로 가산·불가산 관련 문법을 다루고 있다. 가산·불가산과 관련된 문법보다 명사, 동사, 형용사 어휘를 늘리는 것이 급선무라고 생각하는 분은 2장의 페이지를 부담 없이 넘기시면서 대략적으로만 읽어도 괜찮다고 생각한다. 그러나 '스키마'는 이 책의 핵심 개념이기 때문에 아직 이 개념을 숙지하지 못한 독자분들은 가능하면 읽어주길 바란다. 이 개념을 처음으로 접하는 독자분들은 '스키마'라는 개념이 추상적이기 때문에 처음엔 어렵다는 인상을 받으실지도 모른다. 하지만 이후 장에서도 다양한 용례가 나오기 때문에 잠시만 참고 읽어나가다 보면 차츰 이해가 갈 것이다.

3장은 영어로 자신의 의사를 표현해낼 때 단어나 문법을 자유자재로 구사하기 위해 어떤 지식이 필요한지에 대해 언급하고 있다. 언어를 사용할 때 필요한 지식 대부분은, 자신이 이미 알고 있다는 사실을 미처 의식하지 않는 암묵적 지식, 바로 스키마다. 이런 스키마가 어떤 요소로 구성되어있는지를 고찰해갈 것이다.

4장은 영어를 자유자재로 구사하는 데 필요한 스키마

가운데 일본어와 큰 괴리가 있는 것들에 대해 주목해, 일본어 모어 학습자가 일본어에 대해 이미 가지고 있는 스키마가 영어에 필요한 스키마 습득에 어떤 영향을 끼치는지에 대해서 언급했다. 이어지는 5장에서는 매뉴얼 없이도 쉽사리 사용할 수 있는 무료 온라인 툴을 이용해 영어 특유의 스키마를 검색하는 방법을 소개해간다.

6장에서는 영어 스키마 검색을 좀 더 심화시키기 위해, 언어연구자들도 사용하는 본격 '코퍼스Corpus of Contemporary American English(COCA)', 단어 상호 간 관계에 포커스를 둔 확장판 영영사전이라고 할 수 있는 온라인 데이터베이스 '워드넷WordNet'을 소개한다. 두 가지 툴 모두 인터페이스interface가 영어이며 상당히 복잡한 구문의 용례가 나오거나 더러 빈도가 낮은 단어도 가차 없이 등장한다. 그런 이유로 6장은 영영사전을 부담 없이 사용할 수 있을 정도로 어휘력을 갖추고 있으며, 동시에 언어 자체에 흥미를 지닌 사람들을 대상으로 하고 있다. 자신이 알고 있는 단어들과 긴밀히 연결해가고 싶고, 빈도가 낮아 매우 한정적인 단어까지 자신의 어휘에 추가하고 싶은 사람에게는 그야말로 안성맞춤일 것이다. 그러나 혹여 어렵게 느껴진다면 6장은 과감히 건너뛰고 그다음 장을 넘기길 바란다. 이 책을 마지막까지 다 읽은 다음에 6장으로 되돌아와도 좋고, 이 장만 빼고 다 읽었다가 먼 훗날 실리적인 측면에서 어휘를 늘리는 것보다 영어라는 언어의 어휘 구조에 대해 알고 싶어졌을 때, 그때 이 장을 읽어도 좋다.

많이 듣고 많이 읽는 것, 즉 다청多聽과 다독에 대해 우선 알고 싶은 분은 7장, 8장부터 읽기 시작해도 좋다. 9장에서는 말하기와 쓰기의 정보처리에 관한 구조적 차이에서 힌트를 얻어 말하기와 쓰기를 어떤 순서로, 어떻게 학습을 진행해가야 합리적일지에 대해 언급해갈 것이다.

그리고 본편 마지막 장이 될 10장에서는 태어나자마자 시작되는 모어 학습과, 모어를 습득한 이후의 외국어 학습이 가진 메커니즘의 차이를 고려해 인지적으로 합리적인 학습에 대해 거시적인 시야에서 부감적俯瞰的으로 언급할 예정이다.

이론에 치우치기보다 일단 자신의 영어실력을 시험해보고 싶은 분은 '탐구 실천편'부터 읽기 시작해 과제를 탐구한 후 본편으로 되돌아와도 좋다.

이 책에서 거론했던 온라인 사전·코퍼스는 대부분이 무료이며, 매뉴얼을 굳이 읽지 않아도 쉽사리 도전할 수 있고 스마트폰에서도 사용할 수 있다(이 책 권말에 일람 수록). 아무쪼록 그런 학습 툴을 꼭 실제로 활용하면서 이 책을 읽어주길 바란다.

언어 학습에는 종착역이 없다. 신서 한 권 가지고 영어(그리고 언어)가 가진 심오함을 모조리 전달하는 것은 당연히 불가능하다. 이 책을 읽기만 해도 영어의 달인이 될 수 있다거나 영어가 유창해질 수 있다는 것은 너무나 비현실적인 이야기일 것이다. 하지만 독자가 심오한 세계로 비집고 들어가 탐구를 시작할 첫걸음을 내딛게 해주고, 그 후 긴 노정의 길잡이로 이 책이 도움을 줄 수 있다면 진심으로 기쁠 것이다.

목차

1장
인지 구조에서부터
학습법을 재검토하자

그 방법은 진정 효과적일까

영어를 잘하고 싶다. 영어를 잘 쓸 수 있게 되었으면 좋겠다. 많은 일본인이 그런 희망 사항을 간직하고 있다. 하지만 영어에 결국 자신감을 갖지 못한 채, 이번 생에서 영어는 틀렸다고 포기해버린 사람도 많다.

한참 전까지만 해도 일본에서 영어 공부는 중학교에서부터 시작하는 것이 일반적이었다. 그래서 영어로 말을 못 하는 것은 학습 시작 타이밍이 너무 늦었기 때문이라고 생각하는 사람이 많았다. 다음 세대를 짊어질 아이들만이라도 영어를 잘 쓸 수 있었으면 좋겠다고 생각했기 때문일까. 어쨌든 2020년도부터 영어는 초등학교 교과 과정에 들어가게 되었다. 그래도 너무 늦다고 생각하는 사람은 유치원 시기부터 자녀를 사설 영어 학원에 보내고 있다.

한편 나는 수학이나 사회, 이과 등의 교과목을 영어로 가르치는, 이른바 몰입immersion 교육을 실시 중인 사립 초등학교 선생님에게 종종 고민 상담을 받는다. 초등학교 저학년 시기까지는 영어로 노래를 부르거나 게임을 하면서 아이들도 어느 정도 영어를 즐긴다. 하지만 고학년에 올라가면 언제까지고 마냥 노래나 게임만 하고 있을 수는 없는 노릇이다. 수업에서 학년에 적합한 교과 내용을 영어로 막상 가르치려고 들면 결국 아이들이 따라오지 못한다. 차츰 발언 횟수도 줄어들면서 수업 중간에 따라가기 힘들어하는 아이들을 많이 발견하게 된다. 이럴 때 어찌하면 좋겠느냐는 상담을 받게 되는 것이다.

영어를 직접 가르치는 학교 현장의 고민은 아랑곳하지 않고, 상업적인 영어 학교나 영어 교재의 수요는 나날이 증가하고 있다. 교재, 교습 방법, 학교 등 다 헤아릴 수 없을 정도다. 대부분은 '수월하게(단시간에, 노력하지 않고)' 영어를 할 수 있게 된다거나 영어가 유창해진다고 열변을 토하고 있다. 정말일까? 초등학교에서 고등학교까지, 밤이고 낮이고 어떻게 가르칠지를 고민하면서 다양한 방안을 짜낸 후 실천에 옮겨도 좀처럼 성과가 없어 고민 중인 선생님들이 전국에 수두룩한데, 정말로 수월하게 영어를 할 수 있는 방법이 있단 말인가?

영어 학습서에서 자주 제안되고 있는 방법은 대부분 '영어 학습'에 특화되어있다. 일본인이 자주 틀리는 표현을 열거하면서 만약 원어민이라면 이런 식으로 말했을 거라고 지적하는 책이나, 영어 단어나 숙어를 쉽사리 암기할 수 있는 방법을 제시하는 경우도 많다.

나는 인지과학 연구자다. 인지과학이란 사람들의 지각知覺, 기억, 사고나 학습 구조를 마음과 뇌의 다양한 레벨에서 이해하고자 하는 학문이다. 인지과학 중에서도 인지심리학, 특히 아이들의 모어 습득을 오랫동안 연구해왔는데, 모어 습득 과정이나 특징은 사고의 발달과 매우 깊이 연관되어있다. 또한 과학이나 스포츠, 예술, 체스·바둑·장기 등의 두뇌 게임의 학습과 숙달 과정을 이해하려고 할 때 매우 심오한 시사점이나 힌트를 제시해준다. 그런 관점에서 언어 이외의 다양한 분야의 사고 발달과 숙달에 대해서도 연구하고 있다.

사람들은 세계를 어떻게 보고, 자신이 본 것을 어떻게 기억할까?

이 물음은 언뜻 보기에 영어 학습과 직접적 연관이 없는 것처럼 여겨질지도 모른다. 하지만 영어에서도 기억이나 이해의 인지 구조를 반영한 학습법이나 지도법은 중요할 것이다. **"알기 쉽게 가르치면 배운 내용이 학습자의 뇌에 이식되어 정착된다"라는 사고**는 환상에 불과하다는 사실은 인지심리학의 상식이다.

그렇지만 영어교육 선생님들이 제창하는 방법을 살펴보면 정보처리 구조, 인지 편향이나 이해 방식을 고려하고 있다고 여겨지는 경우가 매우 드물다.

화면 중앙의 고릴라를 알아차리지 못한다

알기 쉽게 가르치면 교사가 말하는 것을 학습자가 그대로 이해할 수 있을까? 실은 이것은 환상에 불과하다. 이를 단적으로 드러내는 현상을 소개해보자. 인지과학에서 매우 유명한 실험이다. 실험 참가자에게 농구를 하는 남녀의 비디오를 보여준다. 비디오의 내용은 다음에 나오는 내용과 같고, 참가자에게 "백팀이 몇 번 패스를 돌렸는지를 세어보세요"라고 지시한다.

비디오를 본 후 실험 참가자에게 패스의 숫자를 보고

하얀 유니폼을 입은 팀과 검은 유니폼을 착용한 팀이 패스를 돌려가며 서로 볼을 주고받고 있다. 거기에 고릴라 인형 탈을 쓴 사람이 갑자기 나타나 화면 중앙에서 가슴을 두드린 후 화면 끝으로 사라진다.

하도록 한 후, 혹시 평소와 다른 이상한 일이 일어나지 않았는지, 혹시라도 알아차린 사항이 있었는지를 묻는다. 화면 중앙에 나타났던 고릴라를 알아차리지 못한 사람이 설마 있을까 싶을 것이다. 그러나 실제로는 절반 이상의 사람들이 이를 눈치채지 못한다. 이런 놀라운 결과는 나 자신도 추인하고 있는 사실이다. 수업이나 강연에서 해당 비디오를 보여주면 대략 사람들 3분의 2 정도는 고릴라에 대해 인지하지 못한다. "패스 횟수를 세라"라는 지시에 고분고분 따르며 하얀 유니폼을 입은 사람들만 좇다보면 전혀 알아차리지 못하는 것이다. 그것이 바로 인간이라는 존재다.

이와 관련된 현상을 또 하나 소개해보자. 이 그림 안에 어떤 생명체가 있는데 그것이 무엇인지를 아느냐고 물어본다. 그림을 처음 본 사람들은 대부분 답변하지 못한다. 하지만 "그 생명체는 바로 달마시안 개입니다"라고 말해주면 금방 이해한다. 마치 달마시안 개가 그림 위로 떠오르는 것처럼 발견된다.

이 현상과 정반대 경우도 있다. 뭔가를 찾고 있을 때, 자신이 발견하고 싶은 대상과 다른 이미지를 먼저 예상하면 정작 눈앞에 자기가 찾고 있는 것이 있어도 결국 발

이 그림 안에 생명체가 있다

(Photo by Ronald C. James. Richard L. Gregory,
The Intelligent Eye, 1970, McGraw-Hill)

견할 수 없다.

이런 사실을 최근 직접 경험했다. 독일로 향하던 비행기 안에서의 일이었다. 안경을 벗어 옆에 둔 채 깜빡 잠이 들어버렸는데, 깨어나 안경을 찾아보니 감쪽같이 사라져버렸다. 승무원에게 부탁해 같이 찾아보았지만, 여전히 찾을 수가 없었다. 좌석 밑으로 들어가 버렸을 거라는 결론에 도달했지만, 좌석 시트는 정비사가 아니면 뜯어낼 수 없다고 한다.

목적지인 프랑크푸르트에 도착하자 정비사 두 사람이 와주었다. 시트를 뜯어낸 후 회중전등을 비춰 5분 정도 찾고 있는 모습을 조금 떨어진 곳에서 바라보면서, 분명히 거기 어디 있을 텐데 어째서 이리도 시간이 걸리는지 모르겠다고 생각하고 있었다.

마침내 정비사가 이쪽으로 와서 "유감스럽게도 안경은 발견되지 않습니다"라고 말한다. 시트 쪽을 가리키며 "보셔요, 없잖아요?"라고 말하기에 살펴보니, 손가락으로 가리키고 있는 공간 한가운데 내 안경이 있는 게 아닌가. "이거네요"라고 말하며 집어 들었더니 그들은 아연실색하며 있을 수 없다는 표정을 지었다.

내 안경은 테 없는 렌즈에 오렌지색의 가느다란 안경다리가 붙어있었다. "어떤 안경인가요?"라는 질문을 받았기에 "오렌지색 프레임의 안경이요"라고 전했는데, 찾는 사람은 렌즈 테두리와 안경다리 모두 오렌지색으로

된 견고한 프레임의 안경을 떠올린 것이다. 실제 안경과 다른 이미지를 계속 떠올리고 있었기 때문에 막상 눈앞에 안경이 있어도 그것이 눈에 들어오지 않았을 것이다. 그야말로 '보았으나 보지 않은They looked, but did not see it' 상황에 대한 좋은 용례라고 할 수 있다. '바라보다look'와 '보이다see'의 차이를 가르칠 때 딱 들어맞는 용례일지도 모른다.

영어 학습과 전혀 무관한 이야기라고 여겨질지도 모르나 실은 상당한 연관성이 존재한다. 오히려 본질적인 문제이기 때문이다.

사람은 외계에 있는 대상이나 사건을 전부('보이다see'의 의미로) '보고 있는' 것은 아니다. 보통은 무의식적으로 정보를 고르고 자신이 고른 정보만 본다. 주의를 쏟아가며 살펴봐야 할 것, 그다음 일어날 것을 예측하면서 외계를 ('바라보다look'의 의미로) '보고 있다'. 너무 당연한 일이 발생하면 그 정보는 그냥 흘려보내 버리기 때문에 자신이 본 것을 잊어버린다. 미처 예측하지 않은 일이 생겨 그것을 알아차리면 깜짝 놀란다. 이런 경우라면 기억에 남기 쉽다. 하지만 본인 생각엔 주의를 기울이고 있는 상태라도 예측하지 않은 것은 미처 알아차리지 못하고 놓쳐버리는 경우도 많다. 설령 그것이 아주 해괴한 일이라도 마찬가지다. 아까 나왔던 고릴라나 내가 안경을 분실했던 사건은 그런 상황에 관한 좋은 사례다.

학습할 때 어떤 일이 생기는지 생각해보자. **가르치는 사람이 아무리 이해하기 쉽게 학습 내용을 제시해도, 만약 학습자의 기대와 합치하지 않는 내용을 가르치고 있는 상황이라면 어떨까. 만약 학습자가 다른 정보를 기대하고 있었다면 자신이 배우고 있는 정보를 제대로 알아차리지 못하고 흘려버릴 가능성이 높다.** 학습자가 아무리 열심히 집중해서 듣거나 읽고 있는 상황이라도 마찬가지다.

영어 공부에 아무리 시간을 들여도 제대로 된 영어가 안 된다고 한탄하는 분들은, 애당초 텍스트를 읽거나 수업을 들을 때 중요 포인트가 머리에 잘 들어오고 있는지 확인해볼 필요가 있다. 최선을 다해 텍스트를 읽고 있어도 텍스트가 전달하고 싶어 하는 중요 정보와 다른 내용을 기대하고 읽고 있으면, 학습자는 거기에 적혀진 정보를 그냥 흘려버리고 말 가능성이 크다.

설령 교사가 (혹은 텍스트가) 전달하고자 하는 정보가 학습자 안으로 제대로 '들어갔다'라고 해도, 그 정보는 얼마나 정확하게 기억 속에서 간직될 수 있을까? 완벽하게 이해하고 납득하고, 심지어 감동했던 내용이더라도 한 달만 지나면 상세한 내용을 거의 기억하지 못하는 것이 보통이다. 기억나는 것은 '감동했었다'라는 사실 정도일 경우도 많다. **인간의 기억은 취약한 법이다.** 그런 기억을 붙잡아두려면 어떻게 하면 좋을까? 모처럼 배우고 익혀둔 문법이나 어휘에 대한 기억을 표현해낼 수 있는 레벨로, 즉 말하기와 쓰기에 사용할 수 있는 레벨로 어떻게하면 단단히 붙잡아둘 수 있을지도 이 책에서 언급해갈예정이다.

목표를 고려하지 않는 희한한 영어 학습

인생을 살아가면서 해보고 싶은 일은 무수히 많지만, 시간이 한정되어있다. 하고 싶은 것들에 대해 우선순위를 매겨갈 수밖에 없다. 뭔가를 배울 때 그것을 꼭 자신의 평생 직업으로 삼겠다거나 거기에 모든 것을 걸겠다는 의미는 아닐 것이다.

예를 들어 요리 교실에 다니면서 요리를 배우는 사람들이 많지만, 프로 요리사가 되고 싶은 사람은 극소수에 불과하다. 애당초 프로 요리사를 지향하는 사람들은 시내에 있는 평범한 요리 교실에 다니기보다는 자신이 목표로 삼고 있는 요리사 밑에서 엄격한 수련을 거치며 실력을 연마할 필요가 있다. 집에서 평범하게 식사 준비를 할 수 있는 레벨이 되고 싶다는 희망과 프로 요리사가 되고 싶다는 목표는 전혀 별개의 것이다. 배움(수업)에 대한 각오, 방법, 시간적이나 금전적 비용이라는 측면에서도 그러하다.

하지만 어째서 영어 학습에 관해서는 '어떤 레벨을 목표로 삼고 있는지'에 대해 수많은 영어 학습서나 프로그램이 굳이 다루지 않고 막연하게 '영어를 할 수 있다' '유창한 영어'라는 정도에서 끝나버리고 말까. 영어 학습도 요리 학습과 전혀 다르지 않다. 영어에 관한 전문가가 되고 싶은 사람과, 영어를 사용해 세계 각지를 여행하며 다양한 사람들과 커뮤니케이션을 취하고 싶은 사람은 배우는 방식도 응당 달라질 것이다. '영어를 할 수 있게 된다'라는 의미는 어떤 능력을 익히는 것을 상정하고 있을까?

말을 '할 수 있다'라는 것은 어떤 것일까

나는 어린아이의 모어 습득 과정과 메커니즘을 연구 대상으로 삼고 있기에 이 점에 특히 신경을 쓰게 되는지도 모르겠다. 일본에 사는 어린이가 '일본어를 할 수 있게 된다'라는 것은 무엇을 어떻게 할 수 있게 되었을 때를 말할까?

두세 살이라도 간단한 커뮤니케이션은 취할 수 있다. 문법에도 큰 오류는 없다. 발음은 예를 들어 사sa(サ)행이나 라ra(ラ)행의 음은 다소 어려워서 '라이언'을 '다이언'이라고 말해버리긴 하지만, 그 외에는 훌륭한 '원어민 발음'이다. 요컨대 두세 살 유아는 충분히 '일본어를 할 수 있는' 것이다. 다섯 살 정도가 되면 발음이나 억양 모두 일본어 모어 화자로서 거의 완벽해진다. 어휘도 제법 익힌 상태라 어른들이 말을 걸면 거의 이해가 가능하고 답변도 할 수 있다. 하지만 다섯 살 유아의 전반적인 어휘는 일상 회화 레벨로 한정되어있어서 추상적인 개념어는 모르기 때문에 깊이 있는 이야기는 할 수 없다. 다섯 살 유아의 일본어 능력이 있으면 '일본어를 할 수 있다'라고 말할 수 있을까?

고등학생이나 대학생의 일본어는 어떨까. 문법엔 거

의 오류가 없다. 그들이 구사하는 문맥이나 조사 사용방식에서 위화감은 느껴지지 않는다. 그러나 예를 들어 경어 사용법이 불안한 경우도 많다. "선생님은 내일 몇 시에 대학에 와요?"라는 표현을 접하고 깜짝 놀라버린다. 리포트를 쓰게 하면 구어체와 문어체가 혼재되어있기에, 이른바 '리포트로서의 문장'이라는 형식을 취하지 않는 상태로 제출하는 학생이 있다. 한편 소셜 네트워킹 서비스SNS의 문맥에서는 '완벽한(적절한) 일본어'를 구사한다. 그들의 일본어 레벨은 과연 어떤 수준일까?

"영어를 잘하고 싶다"라고 말할 때, 영어가 모어인 다섯 살 유아 레벨인지, 회화나 SNS는 완벽하지만 리포트는 제대로 쓰지 못하는 학생 레벨인지, 그 이상의 레벨인지를 먼저 고민해보는 편이 좋다. 모든 기능에서 전문가 수준이 되어 그 길의 끝까지 가보고 싶은 경우와 취미로 즐기고 싶은 경우는 엄연히 다르기 때문이다. 학습에 들이는 시간이나 학습방식 모두 전혀 다를 것이다. 영어도 어느 레벨을 목표로 삼는지에 따라 학습방식이나 시간 활용방식이 당연히 많이 달라진다.

외국어로 일본어를 구사하는 사람의 일본어 능력

이번엔 일본어 이외의 언어를 모어로 하면서 일본어를 '할 수 있는' 사람들에 대해 고찰해보자. 나의 친구 중에도 일본어가 가능한 외국인이 몇 사람이나 되지만 그들의 일본어 습숙도習熟度는 사람에 따라 천차만별이다. 그들의 일본어 능력은 개인의 학습 능력 차이가 아니라 일본어 사용 필요성에 의해 결판나는 것 같다.

내가 다니는 대학에 영어를 가르치는 미국인 여자 선생님이 있다. 이분은 영어를 외국어로 가르치는 교수법의 제1인자, 제1급의 학자다. 그는 일본에서 15년 정도 거주하고 있지만, 일본어 능력은 탁월하지 않다. 인사나 레스토랑에서의 주문, 쇼핑도 가능하며 일상생활에서 필요한 커뮤니케이션 능력은 갖추고 있다. 하지만 읽고 쓰기는 불가능하며 깊이 있는 이야기도 나눌 수 없다. 요컨대 그의 일본어 능력은 기껏해야 초등학교 저학년 레벨이라고 할 수 있을 것이다.

물론 그의 학습 능력이 부족한 탓은 아니었다. 그로서는 대학이라는 자기 직장에서 일본어를 초등학교 이상의 레벨로 습득할 필요가 애당초 없었다. 대학에서는 학생들이나 동료들과 모두 영어로 이야기를 나누고 있었고 일본어로 딱히 깊이 있는 이야기를 나눌 필요도 없었다. 그에게 우선순위priority는 영어 작문 교수법에 관해 연구하고 영어로 강의하고 논문이나 책을 쓰는 것이었기 때문에 일본어 공부에 시간을 할애하겠다는 생각이 별로 들지 않았을지도 모른다(정확하게 말하자면 마음은 있었지만 좀 더 우선순위가 높은 부문에 투입해야 할 시간을 할애하면서까지 일본어 공부를 할 정도는 아니었기 때문에 결과적으로 하지 않았을 것이다).

반대로 일본어를 외국어로 학습하면서 일본이나 일본 문학, 문화, 역사, 경제 등이 전공인 연구자들의 일본어 능력은 매우 탁월하다. 그들 대부분은 고등학교나 대학교에서 일본어 공부를 시작했기 때문에 발음에는 이른바 '외국인 특유의 어투'가 눈에 띈다. '조사'나 '조수사'에 약해 종종 오류를 범하기도 한다. 하지만 그들이 지닌 일본어에 대한 깊은 지식과 문장력에는 언제나 놀라곤 한다. 일본인에게조차 생소한 단어를 알고 있을 뿐 아니라 심지어 그 사용법이 적절했다. 보통의 현대문은 물론이고, 고전 원문(활자체가 아니라 당시 사용되던 흘림체로 작성된 난해한 문서)까지 술술 읽어내는 사람도 있다.

원어민 발음의 유창한 일본어로 일반적인 대화를 할

수는 있지만 심오한 내용을 타인에게 설명할 수 없는 일본인과 외국인 특유의 어투를 지니고 있지만 심오한 내용을 담은 탄탄한 식견을 일본인보다 알기 쉬운 일본어로 설명할 수 있는 외국어 모어 화자가 있다면, 과연 어느 쪽의 일본어 능력이 높다고 말할 수 있을까. 나는 후자라고 생각한다.

성인 대상 영어 학습은 목표 레벨에 대한 고민에서 출발해야

영어 학습에서도 똑같은 이야기를 할 수 있다. 영어 학습 목표를 어디로 잡아야 할까. 외국인 특유의 어투 없이 유창한 일상 회화가 가능하지만 조금만 심오한 내용으로 들어가도 전혀 이해하지 못하는 초등학교 레벨을 목표로 삼아야 할까? 아니면 어느 정도 내용을 갖춘 이야기를 할 수는 있지만 비즈니스나 외교, 연구 등 현장에서 발언하거나 글을 쓸 정도의 역량까지는 부족한 고등학교 레벨을 목표로 삼아야 할까? 아니면 그 이상의 전문적인 레벨을 목표로 삼아야 할까?

이 책의 독자 중에는 초등학교, 고등학교 레벨로도 부족하고 자신에게 필요한 것은 전문적인 레벨의 영어라고 생각할 분도 많으리라고 생각한다. 실제로 향후 글로벌 사회에서 활약하기 위해서는 그것이 정답일지도 모른다.

하지만 자신에게 가장 우선순위로 꼽을 수 있는 목표를 위해, 그것이 정말로 필요한지에 대해서 재차 검토해보길 권해본다. 영어가 가능하다는 것만으로 귀한 대접을 받는 시대는 지났다. 그런 와중에 영어 전문가 레벨을 자신이 진정으로 필요로 하고 있는지, 필요하다면 그 시간과 노력을 정말로 어떻게든 만들어낼 생각이 있는지를 충분히 고민해보는 게 좋다.

사람들 대부분은 바쁘다는 핑계로 최소 시간, 최소의 노력으로 전문가 레벨의 영어 실력을 '마스터하는' 방법을 발견하고 싶다고 말한다. 그러나 유감스럽게도 **일본어 모어 화자가 간단히, 틈틈이 자투리 시간을 만들어 공부하는 것만으로 전문가 레벨의 영어를 습득하는 것은 도저히 무리다**. 처음부터 이런 말씀을 드려 죄송하지만, 이것은 받아들여야만 할 현실이다.

그렇다고 시간이 없는 사람은 당장 영어 학습을 포기하는 게 낫다고 말하고 싶지는 않다. **노력하지 않고, 시간을 들이지 않고 '프로로 통용될 수 있는 영어'를 습득할 수 있을 거라는 착각을 우선 버려야 한다**. 그저 그런 사실을 말하고 싶을 뿐이다. 노력과 시간 모두 그에 걸맞게 쏟을 각오가 필요하다. 노력하지 않고 편하게 장기 프로, 스포츠 프로, 요리 프로가 될 수 있다고 생각하는 사람은 없을 것이며 그것을 표방하는 학원이나 배움터도 없다. 영어도 마찬가지다. 노력하지 않고 프로로 통용될 수 있는 영어 능력을 갖출 수 있을 리 없다.

영어 학습을 시작할 때 첫걸음은 **자신이 필요로 하는 영어가 어떤 레벨인지, 요컨대 영어 학습에서 달성하고 싶은 목표가 무엇인지를 고민해본 후, 자신은 그 목표 달성을 위해 어디까지 시간과 노력을 쏟을 각오가 있는지를 진지하게 생각해보는 것이다.** 일상생활에서 커뮤니케이션을 취할 수 있는 수준(요컨대 초등학교 저학년 레벨)이 최종 목표인지, 비즈니스 현장에서 프레젠테이션하거나 리포트를 쓸 수 있는 것이 최종 목표인지, 연구논문을 쓸 수 있는 레벨이 최종 목표인지 고민해봐야 한다. 최종 목표에 따라 해당 레벨에 도달하기 위한 합리적 학습방식을 생각해야 한다. 인공지능AI에 의한 자동번역의 성능도 향상되고 있다. 번역 소프트웨어로 끝날 레벨을 목표로 한다면 굳이 엄청난 시간을 들여 영어를 공부하기보다는 영어는 번역 소프트웨어에 맡기고 자신은 다른 스킬이나 지식을 연마하는 선택지도 가능하지 않을까.

　이 책은 업무 현장에서 표현해낼 수 있는 레벨, 즉 자기 생각을 적확하고 효과적으로 표현하고 상대방에게 전달할 수 있는 레벨의 영어능력을 지향하는 분들을 주된 대상으로 삼아 쓰여있다.

영어 학습은 특별하지 않다

　도입부에서 언급했던 것처럼 영어 학습에 관해 세간의 신뢰 속에 광범위하게 실행되고 있는 것 중에는 인지 프로세스 관점에서 점검해보았을 때 불합리한 것이 너무 많다. 내가 보기에는 수많은 영어 학습자가 소중한 시간을 상당히 낭비하고 있는 것 같다.

　합리적인 학습법은 '간단히'라든가 '틈틈이'와는 거리가 멀다. 물론 굳이 쓰라린 고행을 각오하라고 말하고 싶지는 않다. **'쉽사리 습득하는 것'과 '즐기면서 습득하는 것'은 별개다.** 어느 분야에서든 일류가 된 사람들은 쉽사리 그런 결과에 다다른 것이 아니다. 죽을힘을 다해 싸우면서도 즐기면서 노력을 거듭해간 결과, 그렇게 되었을 것이다.

영어 학습법에 관한 무수한 책들은 대부분, 영어(혹은 외국어)에 특화된 시점에서 작성되어있는데, 실은 영어 숙달은 다른 모든 분야의 숙달과 겹치는 부분이 많다. 예를 들어 '장기 분야에서 초일류 프로기사가 되기 위해 기사가 거쳐야 할 과정'과 '영어를 전문적인 레벨로 습득하는 것'은 어떤 것에 숙달해갈 때의 과정이기 때문에 심리학적으로는 거의 동일하다.

어떤 분야의 배움에든 공통적인 요령이 있다. 예를 들어 사람들은 어떻게 정보를 골라 주목한 뒤 자신의 내면에 받아들일까. 반대로 어떤 정보는 왜 그것이 불가능할까. 사람은 어떻게 자신이 읽은 것, 들은 것, 체험한 것을 해석하고, 기억하고, 기억한 정보를 간직할까. 어떻게 지레짐작을 만들어낼까. 잘못된 지레짐작은 학습에 어떤 식으로 방해가 될까. 지레짐작을 극복하기 위해서 어떻게 하면 좋을까. 그런 학습의 일반적인 규칙을 아는 것은 영어 학습에도 도움이 될 것이다.

영어에 관해 일본인이 자칫 함정에 빠지기 쉬운 표현을 모아둔 양질의 서적들은 매우 많다. 그런 책을 몇 권이나 읽고 다양한 영어 표현을 머릿속에 집어넣은 후 영어에 대한 지식이나 학식을 차근차근 쌓아나가도 좀처럼 영어를 온전히 구사할 수 없다면, 이유는 무엇 때문일까. 영어 학습과 관련된 이런 거대한 문제를 지식 구조라는 측면에서 해설하면서 구체적인 영어 학습법의 이런저런 양상에 대해 그 합리성을 고찰해가고 싶다.

학생들이나 강연을 들으러 와준 분들로부터 다음과 같은 질문을 자주 받기 때문에 이런 문제들에 대해서도 언급해갈 생각이다.

- 어린 시절부터 영어에 노출되면 자연스럽게 전문적인 레벨의 영어 실력을 익힐 수 있을까?
- 영어에 필요한 네 가지 기능, 요컨대 읽기, 듣기, 말하기, 쓰기는 처음부터 골고루 균형있게 학습하는 것이 합리적인가?
- 영어 속에 파묻혀 많이 듣고 많이 읽으면 비즈니스에서 통용되는 대화나 글쓰기가 가능해질까?
- 듣기가 서툰 사람은 어떻게 하면 영어가 '들리게hear', 요컨대 귀를 통해 들어오는 영어를 자연스럽게 이해할 수 있게 될까?
- 영어 학습에는 암기와 모방이 유효한가, 아니면 암기는 무의미한가?

- 단기간에 집중적으로 공부하는 것과 오랜 기간 꾸준히 계속 공부하는 것 중에서 어느 쪽이 더 효율적인가?

단, 이 책에서는 이러한 항목들에 대해 각각 별도의 장을 만들어 해설해간다는 구성을 취하고 있지 않다. 그런 의미에서 내용까지 굳이 읽을 것 없이 목표만 봐도 대략 이해가 가는 비즈니스 서적류에 익숙하신 분들에게 이 책은 '이해하기 어렵다' '읽기 어렵다'라고 생각될지도 모른다.

하지만 먼저 이 말만은 꼭 해두고 싶다. 조금 전에 사람의 기억은 취약하기 마련이라고 언급했었다. 특히 금방 이해가 되고 띄엄띄엄 읽어도 '이해가 되어버리면', 그 당시에 아무리 감명을 받아도 기억이 정착되지 않고 금방 잊어버리게 된다. 이해에 노력이 필요할수록 정보처리가 심오해지면서 잘 잊어버리지 않게 되기 때문이다 (이 점에 대해서는 8장에서 자세히 언급할 예정이다).

2장
'알고 있다'와
'사용할 수 있다'는 별개

'일본인이 자주 틀리는 영어를 모아둔 책'이 재미는 있지만…

서점의 '영어 학습' 코너에 꽂혀있는 책들은 일본인 학습자가 자주 틀리는 용례들을 다수 수록한 것들이 많다. 오류를 지적하고 올바른 (혹은 영어 모어 화자에게 자연스러운) 표현을 설명해주는 책이다. 그런 서적에서 지적되고 있는 오류나 이른바 '재패니즈 잉글리시'는 '맞아, 맞아'의 연속이다. 독자는 '올바른 영어 표현'을 지적받고 '그렇구나. 이제야 알겠네! 앞으로는 틀리지 않을 거야'라고 생각할 것이다.

이런 부류의 수많은 책 가운데 불후의 명저라고 할 만한 서적이 마크 피터슨Mark Frederic Petersen이 쓴 『일본인의 영어日本人の英語』(이와나미신서)다. 일본인이 쓰는 어색한 영어를 유머러스한 필치로 지적하면서 올바른 표현으로 고쳐준다. 그뿐만 아니라 배후에 있는 '영어의 이치'를 알기 쉽게 해설해준다. 예를 들어 일본인이 무척이나 어려워하는 관사의 오류에 대해 'Last night, I ate **a** chicken in the backyard'라는 일본인 친구가 쓴 문장을 예로 들며, 이 문장이 얼마나 섬뜩한지를 절묘한 필치로 서술하고 있다. 이 문장을 본 영어 화자에게는 '살아있는 닭을 그대로 먹는다'라는 그로테스크한 광경이 눈에 떠오른다고 한다.

가산·불가산 명사 문법 정의는 무척이나 간단하다. 셀 수 있는 것은 가산, 셀 수 없는 것은 불가산 명사로 분류되며, 가산 명사로 한 개라면 명사 앞에 a, 복수라면 명사 어미에 s를 붙인다. 불가산 명사에는 아무것도 붙이지 않는다. 이것이 전부다.

그렇게 설명하면 설령 중학생이더라도 순식간에 자신이 이해했다고 생각한다. 하지만 영어 공부를 계속해 몇 년이 지나도록 'I ate a chicken' 같은 섬뜩한 영어를 자기도 모르게 쓰거나 말해버린다. 요컨대 **문법의 규칙을 알고 있더라도 그것을 올바르게 활용할 수 있다고는 결코 단정 지을 수 없다**. 물론 이 문제는 가산·불가산 문법에 국한되지 않고, 거의 모든 문법과 어법에 대해 똑같은 이야기를 할 수 있다.

전치사는 그 전형이다. in, on, over, for 등의 전치사는 영어 학습을 시작하자마자 바로 배우는 단어다. 하지만 이런 전치사들을 정확하게 사용하는 것은 영어 상급자라도 쉽지 않다.

예를 들어 on과 in의 차이는 무엇일까. 예컨대 평평한 표면에 닿아있다면 on, 깊숙한 용기 안이나 3차원 공간에 들어가 있는 상태라면 in을 사용한다는 것이 전형적인 이미지다. 그 외에 특정 날짜를 말할 때는 on Monday라든가 on February 28th처럼 on을 사용하고, 2월에 ○○가 있다는 식으로 말할 때는 in February로 쓴다고 가르치기도 하고 배우기도 한다. 여기까지는 좋다. 그러나 실제로 아무개가 쓴 책 120쪽에 이런 내용이 적혀있다는 내용을 쓰고 싶을 때는 당혹스럽다. in page 120이라고 써야 할지, on page 120이라고 표현해야 할지 판단이 서지 않기 때문이다.

요컨대 문법이든 단어든 누군가에게 배우거나 사전을 찾아서 **전반적인 이치를 이해해도 적절한 구사 능력을 별도로 연마하지 않으면 결국 자기 생각을 표현해낼 수 있는 상태에 이르지 못한다**는 말일 것이다. 바로 이 '구사 능력'의 연마가 시간이 걸리고 까다로운 부분이다. 전치사 on의 의미를 상대방이 아무리 능숙하게 해설해줘도, 그것을 듣고 일단 이해해도, 실제로 당장 적확한 사용으로 이어지지 않는다. '지식이 있는' 것과 '사용하는 것'은 별개 문제다.

이번 장에서는 가산·불가산 문법을 예로 들며 그 점에 관해 설명할 것이다(참고로 on page 120인지, in page 120

인지는 이 책의 「탐구 실천편」 【탐구7】에서 다룰 예정이다).

가산·불가산 문법의 의미

　가산 · 불가산 문법을 개념적으로 이해하고 있다고 생각해도 활용에서 오류가 생겨버릴 때는 주로 원인이 다음과 같은 세 가지라고 할 수 있다.

- 영어의 가산 · 불가산 문법의 의미에 대한 이해가 부족하다.
- 개별 단어에 대해 가산 · 불가산 문법 인식이 잘못되어 있다.
- 쓰거나 이야기할 때 가산 · 불가산을 명시해야 한다는 것을 망각하고 무관사로 명사만 제시해버리거나 기계적으로 a를 붙인다.

　원인이 세 가지라고 하면 자칫 세 가지 중 어느 하나라고 생각하기 쉬운데, 실은 이 세 가지가 서로 연동되어 있다. 자주 틀리는 사람은 이 세 가지 모두에 해당되는 경우가 대부분이다.

많은 영어 학습자가 가산·불가산 문법에 대해 '셀 수 있는 명사에는 a를 붙이거나 복수형으로 한다'라고 단순히 이해하고 있다. 하지만 실제로 가산·불가산 문법은 복잡한 '의미'를 지니고 있다.

마크 피터슨은 앞서 나온 『일본인의 영어』에서 "선행先行하여 의미적 카테고리를 결정하는 것은 명사가 아니라 a의 유무다. 그 카테고리에 적절한 명사가 선택되는 것은 그 다음이다"라고 쓰고 있다. 명사로 표현되는 모든 개념은 우선 가산·불가산 중 어느 쪽으로든 분류되어야 하는데 이때 단순히 일본어적인 감각에 따라 셀 수 있는지 여부가 결정되지는 않는다. **그 문맥에서 자신이 특정한 개별 사례에 대해 말하고 싶은지, 아니면 개별 단위로 나눌 수 없는 불가분의 집합체에 대해 말하고 싶은지를 구분해야 한다. 그것이 선행되어야 그 문장 안에서 a를 붙여 가산명사로 표현할지, a도 붙이지 않고 복수형으로도 만들지 않으면서 불가산명사로 표현할지를 결정할 수 있다.**

개나 자동차나 컵이 가산명사, 물이나 우유이 불가산명사라는 사실은 순순히 납득할 수 있다. 하지만 『옥스퍼드 현대영영사전』에는 양배추나 양상추는 가산·불가산 양쪽 모두 가능하며 브로콜리, 콜리플라워(꽃양배추)는 불가산명사, 계란은 가산명사라고 나와 있다. 바로 이런 '양쪽 모두'가 문제다. **어느 쪽이든 상관없다는 말이 아니기 때문**이다. 'a chicken'(가산)과 'chicken'(불가산)의 차이점과 마찬가지로 브로콜리가 가산명사인지 불가산명사인지는 이야기를 하는 화자가 그 문맥에서 '수를 세는 데 의미가 없는 덩어리'로 간주할지, 혹은 '하나하나를 별개의 개체'로 보고 싶은지에 따라 결정된다.

추상명사의 가산·불가산은 한층 까다롭다. 추상개념은 눈에 보이지 않는 것임에도 불구하고 명사에 따라 가산·불가산이 '거의' 정해져 있다. 'idea'는 대부분 가산으로 사용되어 'one idea, two ideas'라는 식으로 수를 셀 수 있다. 일본어에서도 '좋은 아이디어를 많이 생각해냈다'라고 말하기 때문에 'idea'가 가산명사라는 점에 대해서는 이해할 수 있다. 마찬가지로 '많은 증거가 있다'라는 표현을 쓰기 때문에 'evidence'도 가산명사라고 생각하고 싶어지지만, 이쪽은 불가산명사라서 어떤 문맥에서도 'evidences'라고 말하는 경우가 거의 없다. 일본어에서 '증거'라고 하면 증거로 사용되는 구체적인 사실 하나하나를 가리킨다. 하지만 영어의 경우 'evidence'는 '사실'

을 말하는 것이 아니라, 사실들이 축적되어 논리적으로 상호 모순 없이 하나의 결론을 도출되었을 때 'evidence'라고 말한다. 요컨대 각각의 사실이 개별적으로 존재하는 것이 아니라 서로 떼어낼 수 없는 것이 되었을 때 'evidence'라는 개념이 비로소 생겨난다(문맥 안에서의 가산·불가산 구별 방식에 대해서는 「탐구 실천편」【탐구8】에서 다루고 있기에 참고해주길 바란다).

'furniture'가 불가산명사라는 점에도 의미가 있다. 'furniture'라는 단어는 의자, 책상, 소파, 침대, 옷장 등 다양한 종류의 가구가 동일한 장소에 존재함으로써 집이라는 공간을 함께 만든다는 개념이 그 의미 가운데 이미 포함되어있다. 그러므로 "I need to buy some furniture for my new apartment"라고 말할 때는 다양한 종류의 가구를 한꺼번에 몇 점인가 산다는 것을 의미한다. 따로따로 존재해서는 성립되지 않는 통합적인 개념이 'furniture'의 의미다. 의자만, 침대만으로는 전체가 되지 않는다. 침대만 살 경우, 'buy furniture'가 아니라 'buy a bed'라고 말할 것이다.

카테고리를 구성하는 요소들이 모두 가산명사지만 상위 카테고리는 불가산명사인 'furniture' 같은 경우는 그

밖에도 존재한다. 'jewelry'도 그러하다. 'jewelry'라는 단어는 목걸이, 반지, 브로치, 티아라 등 서로 다른 종류 보석들이 전체적으로 코디네이트(통합)되어 몸을 장식한다는 감각 때문에 불가산명사다. 'wildlife'라는 단어도 마찬가지로 불가산명사다. 사자, 코끼리 등 특정 동물을 말하고 싶은 것이 아니라, 다양한 종류의 야생동물이 그 자리에 동시에 존재함으로써 'wildlife'라는 개념을 만든다. 사자는 그 일원이 된다. 이것을 영어로 표현하면 "Lions belong to the wildlife here"이 된다. 여기서는 정관사 'the'가 있어서 이해하기 어려운데, 사자는 'lions'처럼 복수형으로 나와 있지만, 야생동물은 'wildlives'라고 되어있지 않기 때문에 이 단어는 불가산명사라고 이해할 수 있다.

바꿔 말하면 눈에 보이는 대상이 수를 셀 수 있는 대상인지 여부가 아니라, 말을 하는 화자가 그 대상(개념)을 하나하나 독립된 요소의 집합으로 보는지, 아니면 서로 다른 종류의 요소가 모여 비로소 그 개념이 의미를 구성한다고 인식하는지에 따라 해당 개념의 가산·불가산이 정해지는 것이다. 피터슨이 "a의 유무"가 "선행先行하여 의미적 카테고리를 결정한다"라고 말한 것은 바로 그런 뜻이었다.

중학교, 고등학교, 대학교의 영어교육 현장에서는 이런 깊은 의미에 대해 언급하지 않은 채, 'furniture, jewelry는 예외적으로 불가산명사이기 때문에 무조건 암기하라'고 배우는 경우가 대부분일 것이다. 하지만 학습자가 의자나 침대는 그 수를 셀 수 있으니 furniture도 가산명사일 것으로 예상하는 것은 무리한 이야기가 아니다. 이럴 때 '예외니까 무조건 암기하라'라는 소리를 들으면 어떻게 될까. **'예외니까 암기'는 자연스럽게 한 귀로 듣고 한 귀로 흘려버려, 기존의 생각이나 지레짐작은 고쳐지지 않을 것**이다.

지식의 신체화

'evidence, furniture, jewelry'가 불가산명사라는 사실은 당연히 알아둘 필요가 있다. 하지만 '지식으로 알고 있는' 것과 '지식으로서 활용하는' 것은 다른 차원의 문제다. 야구 서적을 몇 권이나 읽어본 적이 있고 야구 배팅 시 주의사항에 대해 아무리 잘 알고 있어도 정작 시합에서 안타나 홈런을 친다는 보장은 없다. 마찬가지다. 영어를 사용할 수 있으려면 지식을 머리로 알고 있는 것에 그치지 않고 몸에 스며들게 할 필요가 있다.

애당초 영어를 모어로 하는 유아는 명사가 가산의 형태로 사용되면 개체에 대응하고 불가산 형태로 사용되면 물질에 대응한다는 것을 먼저 배운 후 그 방식을 활용해 생소한 단어의 의미를 추론한다(구체적인 내용에 대해서는 조금 뒤에 언급할 예정이다).

영어 화자는 가산·불가산 문법의 추상적 '의미'를 몸으로 알고 있다. 따라서 어떤 명사가 가산명사라는 사실을 알고 있어도 가산에서 불가산으로 바꾸거나, 불가산에서 가산으로 전환시켜 의도적으로 빼기도 한다. 예를 들어 'book'은 가산명사지만 책벌레의 시점에서 책을 음식이라고 말할 때는 'book'을 일부러 불가산명사로 사용하는 경우도 있다. 영어 화자는 이처럼 문맥에 따라 규범에서 일부러 제외한 형태의 사용법도 자유자재로 가능하다. 가산·불가산의 의미를 '몸으로 알고 있기' 때문에 이런 것들이 비로소 가능한 것이다.

어느 정보에 주의할지는 스키마가 정한다

이 책에서 가장 중요한 개념인 '스키마'에 대해 소개해보자. 스키마라는 것은 인지심리학의 핵심 개념으로 한 마디로 하면 어떤 사항에 대해 골격이 되는 지식이다.

스키마는 '지식의 시스템'이라고도 부를 수 있겠으나, 대부분 본인이 그것을 이미 지니고 있다는 사실을 의식하지 못한다. 모어에 대해 가지고 있는 지식도 스키마 중 하나이기 때문에 대부분 이를 의식하지 못한다. 의식의 표면에 드러나지 않은 채 언어를 사용할 때 자기 멋대로 접근해 사용해버린다. 아이들이나 외국인이 말을 이상하게 쓰면 성인의 모어 화자는 금방 이상하다는 사실을 알아차린다. 하지만 자신이 어째서 그것을 이상하다고 느끼는지 알 수가 없다. 모어의 어떤 말의 의미를 설명해달라는 부탁을 받았을 때, 말로 설명할 수 있는 지식은 실은 빙산의 일각에 불과하다. 대부분 지식은 언어화가 불가능하다. 이것은 자전거를 탈 수는 있지만, 뇌에 어떤 정보가 기억되었기에 자전거를 탈 수 있는지 설명할 수 없는 것이나 마찬가지다.

중요한 사항이기 때문에 다시 반복하지만 '사용할 수 있는 말의 지식', 요컨대 **말에 대한 스키마는 빙산의 수면 아래에 있는 매우 복잡하고 풍요로운 지식 시스템이다. 스키마는 거의 언어화가 불가능하며 무의식적으로**

접근당한다. 가산·불가산의 의미도 스키마 중 하나다.

외계에서 일어나는 사건이나 언어정보는 모두 스키마라는 필터를 통해 지각된다.

우리는 스키마에 의해 현재 자신이 놓인 상황에서 무엇이 중요한지를 판단하고 정보를 취사선택한다.

눈앞에서 일어나는 상황에는 매우 잡다한 정보가 대량으로 존재한다. 갖가지 복장을 하고 뭔가를 들고 있는 무수한 사람들이 있으며 끊임없이 시야에 들어왔다가 사라져간다. 그 모든 것에 눈길을 주며 일일이 기억하는 것은 도저히 불가능하다. 사람들은 몇 번을 본다 해도 애당초 주의를 기울이지 못하면 결국 정확하게 기억하지 못한다. 무엇이 중요한 정보인지를 판단해서 주의를 쏟을지

말지를 결정하게 만드는 것이 스키마라고 할 수 있다.

가산·불가산 문법의 스키마가 존재하면 명사가 나올 때마다 그것이 가산명사인지, 불가산명사인지에 주목해 말을 하는 사람이나 글을 쓰는 사람이 그 명사가 가리키는 대상을 개개로 존재하여 셀 수 있는 대상으로 인식하고 있는지, 혹은 셀 수 없는 불가분의 대상으로 인식하고 있는지를 알 수 있다. 이런 스키마를 지니고 있지 않으면 말을 하거나 글을 쓰는 사람의 인식은 물론, 명사가 가산인지 불가산인지에 주의를 쏟지 못한 채, 이 정보는 그냥 흘려버리고 만다.

영어를 모어로 하는 아이가 배우는 방식

영어를 모어로 배우는 아이는 어떻게 가산·불가산의 '의미'를 이해하게 될까.

의미를 생각하기 이전에 우선 'a'(부정관사)로 시작되는지, 's'(복수형 접미사)로 끝나는지, 이런 명사의 표현 형태별 차이를 알아차린다(편의적으로 철자법에서 사용되는 표기를 사용해 썼지만, 당연히 아이는 그 음을 듣고 알아차린다). 명사의 문법적 형태에 주의를 기울이는 것은 늦어도 한 살 반 무렵

이미 시작되고 있다. 요컨대 단어의 의미를 추론하면서 급격히 어휘를 늘려갈 무렵이다. 다시 말해 명사를 학습할 때는 반드시 가산·불가산 형태별로, 명사구라는 덩어리로 기억된다. 형태와 함께 외워둔 엄청난 분량의 명사 저장고가 어느 정도 기억에 남아있어야만 비로소 가산·불가산의 의미를 스스로 발견하게 된다. 'a'로 시작되거나 's'로 끝나는 형태로 나타나는 말은 개체를 단위로 '셀' 수 있다는 사실, 'a'와 함께 나타나는 경우가 없이 홀로(관사 동반 없음, 복수형 s도 없는 형태로) 표현될 수 있는 단어는 우유나 버터처럼 형태가 일정하지 않은, 셀 수 있는 단위를 알 수 없는 대상이라는 사실을 깨닫는 것이다. 요컨대 아이는 **스스로 스키마를 만든다**는 말이다. 가산·불가산의 형태와 명사의 종류를 대응시키는 **스키마가 만들어지면 이번엔 그것을 새롭게 접하는 명사의 의미 추론에 사용하기 시작한다.**

예를 들어 아이가 액체가 든 컵을 손에 들고 있을 때 'tea'라는 단어를 듣는다. 그때 'tea'라는 단어가 컵을 가리키는지, 안에 들어있는 액체를 말하는지, 아이로서는 참으로 애매할 수 있다. 하지만 만약 가산·불가산 문법을 알고 있으면 'tea'라는 단어가 언급된 외적 형태를 통해 셀 수 없는 대상이라는 것을 알게 될 것이고, 컵이 아니라 안에 든 내용물을 가리키는 것이라는 추론이 가능해진다.

명사를 이런 방식으로 외워가기 때문에 영어를 모어로 하는 아이는 아주 어린 시절부터 명사의 의미에 대해 생각할 때 우선 명사의 문법적인 형태에 주목하게 된다. 주의력을 기울이는 시스템이 뇌에 만들어지는 것이다. 요컨대 가산·불가산 문법은 이런 식으로 신체 일부가 되고 있다. 물론 아이가 맨 처음 발견하는 명사의 문법 형태와 대상별 종류의 대응 방식은 '하나하나씩 모여있고, 독립해서 있는 거니까 셀 수 있는 거잖아, 거기에는 a가 붙는 거야'라는 식으로 단순한 발상이다.

그렇지만 항상 명사의 문법 형태에 주의를 쏟기 때문에, 'furniture'나 'jewelry'처럼 눈앞에 보이는 대상이 언뜻 보기에 셀 수 있을 것처럼 보이는 대상임에도 불구하고 불가산명사 형식일 경우, 그 단어가 언급될 때마다, 요컨대 자신의 파악 방식과의 괴리도 알아차리게 된다. 그러면 불가산명사이므로 'furniture'는 '의자'라는 의미가 아닌 거네, 혹은 'jewelry'는 '목걸이'라는 의미가 아닌 거네, 라는 식으로 생각할 수 있고 나아가 의미 탐색도 가능하다.

다른 식으로 표현을 바꿔 말하면 **무의식적으로 컨트롤 당하는 자동적 주의 시스템이 구축되어있기 때문에 당초의 단순한 형식과 의미의 대응방식을 수정해 좀 더 복잡하고 세련된 스키마로 발전시킬 수 있다.**

일본어 스키마의 영향

일본어 화자는 가산·불가산이나 관사의 의미에 대해 영어 화자 수준의 주의 시스템을 갖추고 있지 않다. 일본어에서는 애당초 가산·불가산이라는 기준으로 명사를 문법적으로 분류하지 않는다. 일본어에서 명사를 분류하는 것은 '1권, 2권'의 '권'이나 '한 채, 두 채'의 '채' 같은 조수사인데, 일본어 조수사는 '셀 수 있는 대상'과 '셀 수 없는 대상'을 명시하는 경우가 없다. 영어에서는 불가산명사에 대해서만 'a cup of water, a slice of meat, a pinch of salt'처럼 수량사를 붙인다. 요컨대 물, 고기, 소금 등 직접 그 수를 셀 수 있는 단위를 가지고 있지 않은 (셀 수 없는) 대상은 수량사에 의해 세는 단위를 명시해 수를 세는 것이다.

일본어 조수사의 이치도 영어의 수량사와 마찬가지여서 수를 세는 단위를 명시해준다. 하지만 영어와 달리, 일본어 조수사는 동물이나 자동차처럼 명백히 '셀 수 있는' 것뿐만 아니라 물이나 버터처럼 '셀 수 없는' 것에도 사용된다. 요컨대 해당 명사가 수를 세는 단위를 외부에서 부여받지 못하면 그 명사를 셀 수 없다는 것이 영어식 사고인데, 이런 기준을 적용해 생각해보면 일본어 모든 명사는 영어의 불가산명사와 동등하게 취급되고 있다는 말이 될 것이다. 심지어 일본어에서 조수사는 수와 함께 할 때만 사용되며, 수를 말할 필요가 없을 때는 "컴퓨터는 서재에 있습니다" "마요네즈는 냉장고 안에 있습니다"라는 식으로 조수사 없이 명사를 사용한다.

때문에 일본어 화자는 영어 화자처럼 명사의 문법 형태에 자동으로 주의를 쏟게 되지 않는다. 이런 상황 때문에 영어 명사의 가산·불가산 여부에 대해 습득하기 어려워지는 것이다. 영어를 읽거나 들을 때 명사의 의미에만 주의를 쏟아 가산·불가산 형태에는 그다지 신경을 쓰지 않기 때문에 명사가 글 안에서 표현될 때 문법 형태는 기억되지 않는다. 그 결과 가산·불가산의 형태와 분리해서 영어 명사의 의미만 기억해버린다.

나아가 해당 명사를 사용할 때 가산·불가산 문법을 의식했다고 해도 그 명사의 가산·불가산을 자칫 자신의 감각으로 가늠해버리기 쉽다. 일본어 감각으로는 양상추나 양배추, 브로콜리나 콜리플라워(꽃양배추) 역시, 감자나 달걀과 마찬가지로 한 개, 두 개, 세 개라고 셀 수 있는 대상이기 때문에 당연히 가산명사라고 생각한다. 증거 역시 하나하나 셀 수 있기에 'evidence'도 당연히 셀 수 있는 명사라고 생각해버린다.

요컨대 일본어 모어 화자는 가산·불가산 문법을 학습할 때 이중의 의미에서 모어의 영향을 받는다. 우선 모어에서 애당초 셀 수 있거나 셀 수 없다는 관점에서 명사를 나누는 문법이 없으므로 영어로 습득한 내용을 접해도 명사 형태에 자동적으로 주의를 기울이는 경우가 없다. **주의를 기울이지 않기 때문에 명사를 들어도 그것이 가산명사인지, 불가산명사인지 기억할 수 없다.** 두 번째로 'evidence'나 'furniture' 등, 자신의 모어에 의해 만들어진 '셀 수 있다·셀 수 없다'라는 감각과 모순된 형태의 단어가 자신이 습득한 내용에 있어도 문법 형태에 주의를 기울이지 않기 때문에 그 부분은 완전히 흘려버리게 된다. 결국 자신의 **지레짐작이 수정되지 않는다.** 이런 메커니즘이 기능하기 때문에 일본어 모어 화자의 경우, 영어의 가산·불가산 문법을 습득하기가 매우 어려워져 버린다.

관사의 스키마

여태까지 가산·불가산 문법의 스키마에 대해 언급해 왔는데 영어 명사를 사용하기 위해 또 하나의 난관이 있다. 짐작하시는 대로 'a'와 'the', 바로 부정관사와 정관사의 문제다.

영어의 얄궂은 부분(영어는 얄궂지 않지만, 일본인은 그렇게 느껴버린다)은 하나의 명사를 사용할 때 명사가 가리키는 개념이 셀 수 있는지 셀 수 없는지 이외에, 관사라는, 또 하나의 축이 문제가 된다는 측면이다. 이 축이 가진 '의미'를 말로 기술하는 것은 가산·불가산 문법보다 훨씬 어렵다. 이 단어는 정관사, 저 단어는 부정관사라는 식으로 명사와 연결해 암기하는 것이 불가능하기 때문이다.

가산·불가산의 구별도 여태까지 언급해왔던 것처럼 추상적 의미를 스키마로 이해하지 않으면 기실은 충분히 구사할 수 없게 되는데, 중심에 있는 문법과 의미의 대응은 나름대로 이해하기 쉽고 설명하기도 간단하다. 명사를 암기할 때 이것은 (기본적으로는) 가산명사, 저것은 불가산명사, 라는 식으로 명사에 긴밀히 연결해 외울 수 있다.

하지만 정관사·부정관사는 명사와 확정적으로 연결될 수 없다. 동일한 명사가 문맥에 따라 정관사와 함께 사용되거나 부정관사와 함께 사용되는 식이므로, 이런 식의 문법이 존재하지 않는 일본어를 쓰는 사람은 뭐가 뭔지 알 수가 없다는 것이 솔직한 심정일 것이다. 나도 중학교에서 영어 공부를 시작했을 때 도저히 'a'와 'the'의 '의미'가 이해되지 않아 영어 선생님에게 계속 질문했다가 결국에는 선생님이 화가 나서, "이런 것도 모르겠어?"라고 꾸지람을 하셨던 씁쓸한 기억이 있다. 선생님 본인도 어쩌면 이해하지 못 했을지도 모른다. 하지만 학생에게 차마 그리 말할 수 없으므로 화를 낼 수밖에 없었던 게 아닐까.

정관사·부정관사의 '의미'를 말로 설명하기란 매우 어려운 일이다. 굳이 그 '의미'를 말로 기술하자면, 이제부터 말할(적을) 명사가 특정한 대상인지, 아니면 일반 개념인지, 하는 문제에 달렸을지도 모른다.

하지만 그런 설명을 들어도 진정한 '의미'를 이해할 수 없는 사람에게는 아무런 의미가 없어서 실제로 어떻게 사용해야 할지 전혀 알 수가 없다. 그래서 특히 학교 교육에서는 '전반적인 룰'을 가르쳐준다. 예를 들어 '명사가 처음 나왔을 때는 부정관사, 그 이후 동일한 명사가 나오면 정관사를 사용한다'라고 나는 배웠다. 그러나 '지구나 달처럼 세계에 하나밖에 없는 것에는 항상 the를 사용한다', 혹은 '그 장소에 하나밖에 없는 것(예를 들어 건물의 정면 현관 등)에는 항상 the를 사용한다'라고도 배운다. 나아가 또 하나 '고유명사에는 a나 the가 붙지 않는다'라는 것도 배웠다. 바로 이런 대목에서 다시 혼란스러워져 버리는 것이다.

고유명사에는 정말로 'a'나 'the'가 붙지 않을까? 이하의 (1)부터 (3)까지 영어문장을 읽고 올바른 문장에 ○를 쳐 주시길 바란다. 커피 체인점인 도토루나 스타벅스가 나오는 문장이다. 양쪽 문장 모두 물론 고유명사다.

(1) I like **Doutor** better than **Starbucks**.

(2) I like **the Doutor** better than **the Starbucks**.

(3) I like **a Doutor** better than **a Starbucks**.

'고유명사에는 a나 the는 붙지 않는다'라는 룰을 고려

하면 올바른 것은 (1)이며 (2), (3)은 ×다. 하지만 (4)부
터 (6)까지는 어떨까?

(4) Have you been to **fancy Doutor** in Ginza 4-Cho-
me?

(5) Have you been to **the fancy Doutor** in Ginza
4-Cho-me?

(6) Have you been to **a fancy Doutor** in Ginza 4-Cho-
me?

이 경우 (4)는 ×다. (5)와 (6)은 양쪽 모두 오케이OK지
만, OK일 때의 문맥이 다르다. 긴자 4초메에 특별히 고
급스러운 도토루가 한 곳밖에 없고, 말하는 사람과 듣는
사람 모두 그 사실을 공유하고 있다면 (5)만 ○이고, (6)
은 ×다. 긴자 4초메에 도토루의 여러 지점이 있고, 하나
같이 고급스럽고 특별한 곳이며, 그런 사실을 말하는 사
람과 듣는 사람이 공유하고 있는 경우라면 (6)이 (5)보다
는 낫다.

(7)부터 (9)까지는 어떨까?

(7) Before you head out for a day of sight-seeing, stop at **Doutor** in the lobby for a matcha latte.

(8) Before you head out for a day of sight-seeing, stop at **the Doutor** in the lobby for a matcha latte.

(9) Before you head out for a day of sight-seeing, stop at **a Doutor** in the lobby for a matcha latte.

이 문장이 쓰인 상황을 이미지로 떠올려본다. 로비에 어떤 도토루가 있다. 심지어 '로비'에는 정관사 the가 붙어있다. 다시 말해 필시 말하는 사람과 듣는 사람 모두가 체재하고 있는 호텔 로비에 어떤 특정한 도토루 지점이 있다는 소리며, 그것을 듣는 사람이 이해할 거라고 말하는 사람이 상정하고 있다. 이런 상황이라면 자연스러운 문장은 (8)밖에 없다.

이처럼 영어 화자가 가진 정관사·부정관사의 스키마는 말하는 사람과 듣는 사람의 공통된 상황 이해 기반이 있어야만 성립된다는 전제하에 하나로 고정된 특정한 것을 가리키는지, 혹은 복수의 대상이 있을 수 있는 가운데 그중 어느 것을 가리키는지를 구분하게 해주는 이해를 말한다.

스키마는 상황 이해와 기억에 영향을 끼친다

정관사·부정관사의 스키마는 영어 화자의 몸의 일부
가 되어 무의식적으로 기능하는 지식이다. 그런 사실을
선명하게 보여주는 실험이 있다. 인지심리학에서 매우
저명한 실험이다.

자동차가 전신주에 충돌한 사고 현장 동영상을 실험 참가자
에게 보여준다. 그때 참가자 절반에게 다음과 같은 질문을
한다.

Did you see **the** broken headlight?

그리고 나머지 절반의 참가자들에게는 다음과 같은 질문을
한다.

Did you see **a** broken headlight?

실제로 자동차는 손상을 입었는데 헤드라이트는 부서지지

않았다. 그러나 the broken
headlight라는 문장으로 질
문을 받았던 사람들 대부
분이 부서진 헤드라이
트를 봤다고 답변했다.
말을 하는 사람이 the를
사용한다는 것은 부서
진 헤드라이트가 있었
다는 사실을 전제로 한
표현이기 때문에 "있었

잖아요, 그것을 봤나요?"라는 뉘앙스가 듣는 사람에게 전달된다. 그래서인지 실제로는 헤드라이트가 부서지지 않았음에도 불구하고 정관사를 사용한 질문을 들었던 실험 참가자들 대부분이 '헤드라이트는 부서졌다'라고 생각해버렸다.

스키마는 단순히 '특정한 것에는 the, 특정한 것이 아닌 것에는 a'라고 표현되는 룰과는 다른 존재다. 각각의 상황에서 순식간에 몸이 반응하는, 신체에 각인된 의미 시스템이기 때문이다.

이런 예에 의해 스키마가 과연 어떤 존재인지, 조금이나마 이미지를 떠올리기 쉬워졌을까? 학습자는 이런 '스키마'(=추상적인 의미 시스템)를 어떻게 만들어가면 좋을까? 그 이야기는 5장이 시작되기 전까지 기다려주었으면 한다. 다음 장에서는 계속해서 자신이 표현해낼 수 있는 단어를 자유자재로 사용하기 위해 어떤 지식을 가져야 하는지를 언급해갈 생각이다.

3장
빙산의 수면 아래에 있는 지식

말을 사용하기 위해서는 다수의 스키마를 지니고 있을 뿐만 아니라 그런 것들이 통합될 필요가 있다. 예를 들어 하나의 동사를 사용하기 위해서는 사전에 적혀있는, 언어로 표현된 단어의 의미를 알고 있는 것만으로는 부족하다. 구문에 대한 지식이나 동사와 함께 사용되는 명사의 지식 등, 다양한 지식이 필요하다. 단어에 대해 모어화자가 지닌 지식은 빙산처럼 거대하지만, 대부분은 스키마라고 할 수 있다. 자신이 이미 지니고 있다는 사실이 거의 의식되지 못한 채 수면 아래에 감춰져 있는 지식인 것이다.

이번 장에서는 어떤 지식이 빙산의 보이지 않는 부분에 있으며 언어에 대한 이해와 표현해낼 수 있는 능력을 지탱하고 있는지에 대해 언급해가도록 하자.

구문 지식

동사의 의미는 구문과 분리할 수 없다. 타동사일까, 자동사일까. 조사 '~에(に)'를 사용해야 할까, 아니면 '~부터(から)'를 사용해야 할까. 주어나 목적어는 어떤 종류의 명사일까. 예를 들어 사람이나 동물 등의 생물일까, 아니

면 인공물일까, 그것도 아니면 추상적 개념일까.

가장 기본적인 구문과 의미의 관계는 자동사·타동사 구문과 의미의 대응 방식이다. 자동사(예를 들어 '걷는다'나 '달린다')는 대부분 스스로 뭔가를 하는 자발적인 행위를 나타내며 타동사(예를 들어 '던진다'나 '민다')는 주체가 객체에 어떤 작용을 가한다는, 인과관계를 포함한 행위를 나타낸다.

자동사·타동사 구문과 의미의 이런 대응 방식은 세 살짜리 아이라도 이미 알고 있다. 그 뿐만 아니라 새로운 동사의 의미를 추론할 때 해당 지식을 사용하기도 한다(영어 환경에서 자란 아이가 명사의 의미 추론을 할 때, 가산·불가산 형태를 사용하는 것이나 마찬가지다).

나는 앞서 이런 실험을 한 적이 있다.

인형 탈을 쓰고 토끼와 곰으로 분장한 사람이 각각 팔을 흔들고 있는 장면 ①과 토끼가 곰을 밀고 있는 장면 ②를 아이들에게 보여준다. 그리고 "토끼와 곰**이** '네케하고' 있는 것은 어느 쪽일까요?"라고 묻는다. 그러면 아이는 ①을 가리킨다. 다른 아이들에게는 "토끼**가** 곰**을** '네케하고' 있는 것은 어느 쪽일까요?"라고 물으면 장면 ②를 손가락으로 가리킬 수 있다.

나아가 일본의 어린이들은 조사 '이/가(が)'와 '을/를(を)'이 주체와 객체를 구분하는 힌트가 된다는 사실도 알고 있다. 토

끼가 혼자 춤을 추고 있는 장면 ③과, 곰이 토끼를 들어올리는 장면 ④를 보여준다. "토끼**가** '치모하고' 있는 것은 어느 쪽일까요?"라고 물어보면 ③을 가리키고 "토끼**를** '치모하고' 있는 것은 어느 쪽일까요?"라고 물으면 장면 ④를 손가락으로 가리킬 수 있다.

참고로 "네케하고(ネヶって) 있다" "치모하고(チモって) 있다"라는 것은 실험자가 실험을 위해 인위적으로 만들어 낸 단어로 실제로는 존재하지 않는 말이다. 아이는 의미를 알 수 없는 단어를 일상적으로 듣고 있으므로 자기가 보고 있는 장면을 통해 처음 듣는 생소한 말의 의미를 추측한다. 그때 조사를 힌트로 동사 구문을 살펴보며, 나아가 문장에 쓰인 것이 타동사인지 자동사인지, 타동사의 경우엔 등장인물 중 누가 행위의 주체이며 누가 객체인지를 판단해 낯선 동사의 의미를 추측할 수 있다.

이 실험 이전에 (세 살까지의 경험에서) 아이는 어떤 구문이 인과관계를 나타내는 의미와 연결되며, 어떤 구문이 자발적 움직임과 이어지는지를 이미 배우고 있다. 요컨대 구문이 대략적으로 어떤 동사의 종류와 대응하는지를 알고 있으므로 매우 자연스럽게 그 지식을 생소한 동사의 의미 추론에 활용한다. 그리고 추론된 의미는 새로운 지식이 된다.

공기의 지식

어떤 단어를 적절히 사용하기 위해서는 그것과 **함께**

사용되는 단어에 대한 지식이 필수적이다. 함께 사용되는 단어를 '공기共起하는 단어' 혹은 '공기어共起語'라고 부른다.

동사를 사용해 자연스러운 문장을 만들기 위해서는 그 동사의 주어, 목적어가 될 수 있는 명사를 미리 알고 있는 것이 매우 중요하다. 왜냐하면 공기하는 명사에 공통적으로 존재하는 성질이, 의미가 유사한 두 가지 동사의 '의미적 차이'를 만들어내기 때문이다.

예를 들어 일본어에서는 몸에 착용하는 동작을 나타내는 일련의 동사를 목적어로 나오는 명사에 의해 구분해서 사용한다. '(상의를) 입다着る' '(바지, 신발을) 입다/신다はく' '(모자를) 쓰다かぶる' '(장갑을) 끼다はめる' '(머플러를) 두르다巻く' 등, 동사의 의미는 목적어(몸에 착용하는 대상을 나타내는 명사)와의 공기 관계로 거의 정해진다.

'pursue'와 'chase'라는 동사는 일본어에서 양쪽 모두 '추격하다'라고 번역되는데, 'pursue'는 'carieer, goal, degree, education' 등이 공기 목적어가 되기 쉬우며, 'chase'의 공기 목적어로는 'cat, rabbit, ball, pack' 등이 많다. 전자는 추상개념, 후자는 물리적으로 움직이는 것이 '추격하는' 대상이 되는 경우가 많은 것이다. 공기 목적어의 이런 차이가 양쪽 동사의 '의미적 차이'를 구성하고 있다.

공기하는 부사도 동사의 의미와 깊은 연관성을 갖는다. 일본어 용례로 생각해보자. 예를 들어 '집요하게 **대다**'라는 표현은 자연스럽지만 '집요하게 **닿다**'라는 표현에는 위화감이 느껴진다. '대다'는 의도를 가지고 대상에 손을 대는 것이지만, '닿다'는 의도성이 없는 경우가 많고, 의도성이 있어도 접촉을 한다는 측면에서 '대다'보다 가벼운 의미다. '대다'와 '닿다'의 의미가 어떻게 다른지를 제대로 설명하는 것은 성인 일본어 모어 화자에게도 어려운 일일지 모르지만, '집요하게'와의 공기가 자연스러운지, 부자연스러운지 판단할 수 있다는 사실은 이 동사 두 가지 의미를 암묵적으로 이해하고 있다는 말일 것이다. 반대로 이런 공기 관계를 이해하지 못하면 두 동사의 의미를 깊이 있게 이해하고 있다고 말할 수 없다.

형용사의 의미에 대한 이해에는 해당 형용사가 어떤 명사를 수식하는지에 대한 지식이 필요하다. 형용사의 의미는 공기하는 명사에 크게 의존한다고 해도 과언이 아닐지 모른다.

형용사와 명사가 어떻게 이어지는지는 각각의 언어에 특유한 습관적 방식이 존재한다. 예를 들어 의지나 결의나 우정은 '굳은 의지' '굳은 결의' '굳은 우정' 등 '굳다'와 공기하는 경우 외에, '강한 의지' '강한 결의' '강한 우정'도 자주 사용된다. 하지만 영어의 'will, determination, friendship'은 'hard'와는 공기하지 않고 'strong'과 공기할 뿐이다.

사용되는 문맥과 빈도에 대한 지식

모어 화자가 가지고 있는 빙산의 수면 아래의 지식은 그 밖에도 많다.

예를 들어 어떤 단어가 **얼마나 격식을 차린 느낌을 주는지**가 있다. 이 지식이 얼마나 중요한지는 모어를 돌이켜보면 금방 납득할 수 있을 것이다. 마음을 터놓고 지내는 친구와 함께 식당에 가서, 반말체로 이야기를 할 때 "빨리 메뉴를 선정해"라고 말하면 약간 이상한 느낌이 든다. 그런 상황이라면 "빨리 메뉴 골라"라고 말하는 편이 자연스러울 것이다. "'선정'이라는 건 뭐지?"라고 물어보면 "고르는 거야"라는 답변이 돌아올 것이다. 하지만 '고르다'와 '선정하다'는 결코 '동일한 의미'가 아니다.

문맥과 긴밀히 연결된 단어의 또 다른 의미에 **빈도**도 있다. 우리는 모어의 특정 단어에 대해 해당 단어가 일상적으로 빈번하게 사용되는 단어인지, 학술적인 문맥에서 만, 혹은 연예계 등 특정 업계 종사자들만 사용하는 단어로 비교적 빈도가 낮은 것인지, 막연하게나마 이런 지식을 알고 있다. 이런 감각을 갖추고 있으므로 문맥에 맞춰 단어를 사용할 수 있는데, 외국어 단어를 사전을 통해 의미를 더듬어가며 외울 경우, 좀처럼 이런 감각을 포착할 수 없다. 단어를 적확하게 사용하기 위해서 그것이 사용되는 문맥이나 빈도에 대한 지식도 빙산의 수면 아래에 가지고 있을 필요가 있다는 말이다. 빈도를 고려해 문맥에 적절한 단어나 구를 탐색하는 방법은 6장에서 소개하겠다.

다의성에 대한 지식

문맥의 정보는 다의성과도 깊은 연관성을 가진다. 다의多義 구조도 어떤 단어를 상기했을 때 무의식적으로 활성화되는 지식이기 때문에 의식 위로 표면화되는 경우가 거의 없다. 실제로 매우 많은 뜻을 가진 단어, 예를 들어 누군가가 'sasu(さす)'라는 단어를 음성으로 제시한 후 각각의 다양한 의미를 열거해보라고 하면, 한두 개 정도의

전형적인 뜻 이외에 (알고 있어도) 일일이 상기해보기가 무척 어렵다. 해당 단어를 외국어로 번역하려고 하다가 새삼스레 그런 사실을 눈치채는 경우가 허다하다.

최근에 '허락하다許す'라는 동사의 다의성을 알아차리게 된 사건이 있었다. 코퍼스(일상회화, TV · 영화, 신문기사 소설 등 다양한 장르의 언어 자료 데이터베이스)로 영단어 의미에 대한 조사 활동을 실행 중인 고등학교 선생님에게 어떤 이야기를 들었기 때문이다. 고등학교 선생님은 '허락하다許す'를 포함한 영작문을 하려다가 학생들이 매우 혼란을 느꼈다는 이야기를 해주셨다. 나도 '허락하다許す'를 일영사전에서 찾아보고 지금까지 그 의미가 얼마나 광범위한지 미처 알아차리지 못했다는 사실에 아연실색했다.

온라인 서비스 Weblio 영일 · 일영사전에서 '허락하다許す'를 검색해보자. '허락하다許す'의 일본어 뜻이 더더욱 자세하게 나뉘어있다. '죄 · 과실을 (용서하다)'라면 'forgive; excuse', '암묵적으로 허락하다'라면 'tolerate', '눈감아주다'라면 'overlook', '방면하다'라면 'release; acquit'라는 식으로 각각의 뜻에 대응하는 영어 단어가 부여되고 있다. 영어적 시점이라면 이런 단어들은 각각 서로 다른 의미를 지닌 개별 단어다. 나아가 또 다른 뜻도 있다. 예

를 들어 '허가하다' '승낙하다'가 있어서, 앞에 나왔던 것들과 별개로 'allow, grant, admit' 등의 단어가 예로 나와 있다. '시간(사정)이 허락하는 한' '지면이 허락하는 한' '날씨가 허락한다면'이라는 뜻도 있고 '득점 따위를 부여하다'라는 뜻까지 있다. 이런 상황이라면 일본어를 모어로 하지 않는 사람들이 의아해하는 것도 무리가 아닐 것이다. 이토록 다양한 의미들을 맥락도 없이 하나의 동사로 뭉뚱그려 표현해버리기 때문이다.

그러나 모어가 아닌 화자들이 도저히 소화하기 힘들다고 느끼는 단어의 다의성은 비단 일본어뿐만 아니라 다른 어느 언어에도 분명 존재할 것이다. 영어에서도 일본어 화자 측에서 보면 이해하기 어려운 '상이한' 개념을 하나로 뭉뚱그려 표현해버린 예들이 허다하다. 예를 들어 'tired'라는 단어를 일본어에서는 주로 '지친'과 '싫증난'이라는 단어로 나눠 번역한다. 일본어 감각에서는 '지치다'와 '싫증나다'는 상당히 다른 의미처럼 생각되는데 영어에서는 하나의 단어 속에 담긴 별개의 뜻이다.

이전에 개인적으로 좋아하던 어떤 피아니스트의 인터뷰 영상을 보고 있다가, 어떻게 리사이틀이나 CD 녹음에 채택할 곡을 결정하느냐는 질문에 대해 "계속 쳐도 지

치지 않는 곡"이라는 답변이 자막으로 나와 엄청난 위화
감을 느낀 적이 있었다. 물론 기교적으로 매우 뛰어난 대
작을 연주하다 보면 팔이나 손에 부담이 갈 것이다. 하
지만 이 문맥에서 "지치지 않는 곡"은 분명 이상하다. "싫
증이 나지 않는 곡"일 것이다. 이 피아니스트는 "평생토
록 마주해도 결코 싫증이 나지 않는, 매번 새로운 해석이
가능한 곡"이라고 말하고 싶어서, "I choose pieces I will
never get tired of playing over and over throughout
my life time"이라는 식의 발언을 했고 그것을 자막 번역
자가 "지치지 않는 곡"이라고 번역해버렸던 게 아닐까.
실제로 인터뷰에서 뭐라고 말했는지, 지금은 전혀 생각
나지 않지만 강렬한 위화감을 느꼈던 것만 선명하게 기
억에 남아있다. (이것이 인간의 전형적인 기억 방식이다. 그 당시
의 나의 기억은 강렬한 위화감과 막연한 상황 전체의 인상을 통해 추
측으로 '창조된' 기억일 것이다.)

　'지치다'와 '싫증이 나다'가 의미적으로 어떻게 이어지
는지는 이해가 간다. 똑같은 것을 몇 번이고 반복하다 보
면 육체적으로 지칠 뿐 아니라 정신적으로 피폐해져 더
는 하고 싶지 않다는 심정일 것이다. 그것이 바로 '싫증
이 나다'라는 의미다. 영어는 그것을 하나의 단어로 표현

하고 있는데 일본어에서는 별개의 단어로 구별해서 표현하고 있다. 물론 영어 화자에게도 신체적인 피로와 정신적으로 피폐해져 싫증이 나버린 상태가 '완전히 동일한 의미는 아니다'라는 점이 느껴지겠지만, 동일한 단어가 사용됨으로써 두 가지 의미가 연속선상에 있다고 인식되고 있다.

영어 단어를 제대로 표현해낼 수 있으려면 하나하나의 단어에 대해 각각에 대응하는 일본어 단어와는 다른 의미로 확장한다는 사실(다의多義 구조)을 숙지할 필요가 있다.

유의어 지식

단어의 의미는 단어 자체의 의미만으로 결정되지 않는다. 예를 들어 캥거루나 뱀은 '걸을 수 없다'라고 직감적으로 생각한다. 왜냐하면 캥거루가 움직이는 방식은 '뛰는' 것이며 뱀이 움직이는 것은 '기는' 것이라고 알고 있기 때문이다. '걷다'라는 동사의 의미 범위는 '달리다' '기다' '뛰다' 등 생물의 움직임을 나타내는 일련의 동사와 어떻게 대비되는지로 결정된다. 요컨대 유의어類義語 지식이 없으면 해당 단어의 진정한 의미를 이해했다고 할 수 없다.

좀 더 정확히 말하면 단어 하나의 의미를 깊이 이해하기 위해서는 해당 단어를 둘러싼 단어의 네트워크까지 알고 있을 필요가 있다는 말이다. 해당 네트워크 안에서 대상target 단어가 어느 부분에 위치하며 다른 단어와 어떤 관계를 맺는지, 어떻게 차별화되고 있는지를 이해해야만 한다. 만약 그것이 어렵다면 이를 표현해낼 때 해당 단어를 결국 정확하게 사용할 수 없다. 어휘를 지탱하는 빙산의 수면 아래 지식에는 단어가 구성하고 있는 네트워크와 네트워크 안에 존재하는 단어끼리의 관계에 대한 지식도 포함되어있다. 어떤 단어와 인접해있는지, 혹은 인접하는 단어와 어떻게 의미가 다를지, 이런 지식 역시 해당 단어의 의미에 대한 지식으로 매우 중요한 부분이다. 유의어 네트워크를 어떻게 만들어가야 하는지는 5장, 6장에서 거론할 예정이다.

이미 알고 있는 단어에 대한 지식은 생소한 단어의 의미를 추론할 때도 사용된다. 예를 들어 세 살 정도라면 '업다'라는 단어는 알고 있더라도 '짊어지다'라는 단어는 모르는 경우가 많다. '짊어지다'는 어떤 대상을 어깨에 걸쳐 짊어지는 행위를 표현할 때 사용하고, '업다'는 등으로 업을 때 사용하는 동사다. 일러스트에 보이는 동작을 어

린아이들은 자주 "업고 있다"라고 말하는데, 그때 "야구 배트를 짊어졌다"라고 어른들이 말하는 것을 들으면 아이는 "어라? '업는' 게 아닌 걸까?"라고 새삼 주의를 쏟는다. 이런 과정에서 '짊어지다'의 의미를 기억하게 되며, 그뿐만 아니라 여태까지 지나치게 넓게 사용하고 있던 '업다'의 의미를 좁혀 성인들이 가지고 있는 의미에 접근할 수 있게 된다.

아이는 자신이 발견한 언어에 대한 다양한 지식을 총동원해서 각각의 단어가 지닌 의미를 추론하고 단어들의 네트워크도 스스로 발견해간다. 모어의 단어가 '살아있는 지식'이라는 사실은 그야말로 지식을 스스로 만들어내는 선순환에 따라 단어의 의미가 이해되고 있기 때문일 것이다.

의미에 대한 추론에 사용된 지식은 빙산의 수면 아래

에 있는 해당 단어 지식의 일부가 된다. 그리하여 모어의 단어가 지닌 의미는 구문이나 그 단어가 사용되는 상황, 그 단어와 관계된 다른 단어, 그 단어와 의미적으로는 가깝지만 구별해서 사용해야 할 유사한 단어 등 다양한 지식을 아우르며 풍요롭게 성장해간다. 빙산의 수면 아래에 감춰진 부분이 크면 클수록 그 단어는 상황에 따라 적확하게 사용할 수 있는 단어가 된다. 동시에 새로운 단어가 가진 의미에 대한 추론에 활용되어 해당 단어에 대한 지식뿐만 아니라 어휘 전체를 성장시키고 치밀하게 만들기 위한 '살아있는 지식'이 되어간다.

'어휘력이 있다'라는 말은 어떤 뜻일까?

빙산의 수면 아래에 있는 지식에 대해 지금까지 언급해온 내용을 바탕으로, "어휘력이 있다"라는 표현이 어떤 뜻인지를 검토해보자. 모어 화자가 지닌 '살아있는' 단어 지식에는 적어도 이하의 요소들이 포함되어있다.

물론 이런 지식들은 제각각 산발적으로 존재하는 것이 아니라 상호 긴밀히 연관되어있다. 눈에 보이지 않지만 이런 지식들이 통합되어 수면 아래에 있는 빙산 대부분

① 해당 단어가 사용된 구문

② 해당 단어와 공기하는 단어

③ 해당 단어의 빈도

④ 해당 단어가 사용되는 문맥(격식formality의 정보를 포함한다)

⑤ 해당 단어의 다의多義 구조(단어 의미의 확장)

⑥ 해당 단어가 속한 개념의 의미 네트워크에 대한 지식

을 형성하고 있다.

지금까지 언급한 내용을 통해 이해하셨을지 궁금하다. '어휘력'이란 것은 빈도가 낮은, 다른 사람들이 알지 못하는 단어를 많이 알고 있다는 의미가 아니다. 물론 알고 있는 단어의 숫자가 많으면 더할 나위 없이 바람직하지만, 문맥에 따라 적절한 단어를 선택해 자유자재로 구사해야만 비로소 '어휘력'이 있다고 말할 수 있다. 요컨대 사전의 표제어 바로 뒤에 나와 있는 '의미'를 한두 개 말할 수 있을 정도라면, 그런 단어들의 숫자는 상대적으로 중요하지 않다. 오히려 ①~⑥의 지식에 바탕을 둔 어휘

를 지닌 것이 훨씬 중요할 것이다.

'특정 문맥에서 말하고 싶은 내용을 표현하기 위해 가장 적절한 단어를 선택할 수 있으려면', 두 가지 사항이 중요하다. 우선 개개의 단어가 지닌 의미를 따로따로 외울 것이 아니라 상호 간의 의미적 유사성과 차이를 이해할 수 있어야 한다는 것이다. 나머지 하나는 각각의 단어가 가진 의미적 확장을 이해하고 각각 어떻게 사용되고 있는지를 문맥을 통해 아는 것이다.

외국어 단어에 대해 초급 학습자가 가지고 있는 지식은 ①~⑥이 거의 없다. 아이가 모어 동사를 외울 때는 우선 구문과 명사(주어와 목적어)에 주목해 문맥을 통해 동사의 의미를 생각한다. 하지만 외국어를 배울 때는 모어로 번역된 뜻이 부여되어 그것만 외우려고 한다. 때문에 동사를 사용할 때 가장 중요한 구문이나 공기 명사에 대한 지식은 해당 동사에 대한 지식으로 받아들여지지 않는다. 한두 개의 번역어를 아는 게 고작이라면, 그런 지식은 빙산은커녕 얇디얇은 얼음판 정도에 지나지 않을 것이다.

'얇은 판에 불과한 지식'을 '풍요로운 수면 아래의 지식을 가진 빙산'으로 만들려면 어떻게 해야 할까. 이 방법은 5장 이후에서 제안해갈 예정인데, 그 전에 다음 장에서는 모어와 외국어 사이에 존재하는 구조적 차이를 살펴보고자 한다. 모어에서 가지고 있던 스키마가 통용되지 않는 외국어를 학습할 때 과연 어떤 상황이 발생할지, 일본어 모어 화자가 영어를 학습할 경우를 예로 들며 설명할 것이다.

4장
일본어와 영어 사이에
존재하는 스키마의 괴리

3장에서는 언어에 대해 언어 사용자가 미처 의식하지 못한 채 암묵적으로 가지고 있는 지식, 즉 빙산의 수면 아랫부분에 해당하는 이른바 '스키마'에 대해 언급했다. 이번 장에서는 일본어와 영어 사이에 존재하는 스키마의 차이점에 관해 서술하고, 나아가 이런 차이가 영어 학습에 어떤 영향을 끼치는지를 언급해가고 싶다.

통역 가이드의 일본어

  그 전에 개인적 경험을 하나 이야기해보고자 한다. 2019년 3월, 작심하고 우즈베키스탄으로 여행을 갔다. 원래 실크로드에 흥미가 있었는데 사마르칸트Samarkand라는 오래된 오아시스 도시를 소개하는 TV 프로그램을 보고 이슬람 건축물이나 전통 수공예품의 아름다움에 매료되어 꼭 한번 가보고 싶다고 생각하게 되었다. 투어에는 무척 지적인 현지 여성이 통역 가이드로 동행해주었다. 타슈켄트Tashkent(우즈베키스탄의 수도-역주)에 있는 대학에서 일본어학과를 졸업한 우즈베키스탄의 엘리트였다.

  그녀의 설명은 모두 이해가 되었고 우즈베키스탄에 대한 여러 가지 흥미진진한 사실을 알게 되었다. 하지만 들

었을 때 '무슨 말을 하고 싶은지 알 수 있는 일본어'와 '모어 화자에게 자연스러운 일본어'는 같은 것이 아니라는 사실도 잘 알 수 있었다.

　사마르칸트에서 금이 엄청나게 사용된 아름다운 모스크를 견학했을 때의 일이다. 이 가이드는 "금투성이 모스크"라는 표현을 몇 번이고 사용했다. "금장식을 아낌없이 사용한 모스크"라든가 "온통 금으로 장식해서 호화로운 모스크"라고 말하고 싶은 심정은 당연히 이해가 갔다. 하지만 아무리 그래도 '금투성이'는 아니다. 모스크의 아름다움이 훼손되어버린 느낌이었기 때문이다. 통역 가이드는 그 외에도 무척이나 흥미로운 오류를 많이 저질렀다. 예를 들어 "오늘은 장거리를 다니고 왔습니다"("이동했습니다"라는 의미)라든가, "소련이 붕괴당했습니다"("붕괴했습니다"라는 의미) 등.

오류를 꼬치꼬치 나열한 것에 대해 심술궂다고 생각하지 마시길 바란다. 아이가 말(모어)을 어떤 식으로 습득하는지를 연구하는 입장에서 아이들의 잘못된 표현은 언어습득 과정을 고찰하기 위한 소중한 연구 데이터라고 할 수 있다. 마찬가지로 이 가이드가 종종 입에 담은 약간 이상한 일본어도 외국어를 습득할 때 마음이 어떻게 기능하는지를 보여준다는 점에서 무척이나 흥미진진했다. 동시에 깊이 공감하기도 했다. 내가 영어를 배울 때도 이런 오류가 많았다는 생각도 들었다. 지금도 이상한 영어를 하고 있을지 모른다는 생각마저 엄습했다. 오류의 배후에는 반드시 이유가 있다. 대부분 모어에 대한 스키마가 외국어 단어의 의미나 문법적 사용방식에 영향을 미친다.

또 한 가지 흥미진진했던 점은 이 가이드가 그 일을 시작한 지 무려 10년이나 되었다는 대목이다. 분명히 이 가이드는 똑같은 실수를 10년 전부터 계속 반복해왔을 것이다. 동일한 명소를 몇 번이고 갔을 것이며 똑같은 내용을 몇 번이고 손님들에게 반복해서 설명했을 것이다. 그이야기는 그런 오류가 10년이 지나도록 고쳐지지 않았다는 말이 된다. 이런 사실 역시 배움에 대해 매우 중요한 사실을 전해준다. 그토록 스키마를 고치는 것이 어렵다는 의미일 것이다.

일본어 화자가 영어로 작문을 하면 자칫 일본어 문장에 있던 단어를 하나하나 영어 단어로 바꾸어놓은 것 같은 부자연스러운 영어가 되기 쉽다. 이것 역시 일본어 화자와 영어 화자가 가지고 있는 구문에 대한 스키마에 커다란 괴리가 존재하기 때문일 것이다. 각 언어에 고유한 구문 스키마는 한두 개가 아니겠지만, 일본어와 영어의 괴리가 매우 커서 어휘 학습을 곤란하게 만드는 스키마 두 가지를 소개해보자.

행위를 어떻게 묘사할까

예를 들어 일러스트에 나타난 장면을 일본어로 어떻게 나타내야 할지 생각해보자. '병이 둥둥 뜬 채로 동굴 안으로 들어갔다'라고 말할 것이다. 중심이 되는 동사는 '들어가다'이며, 병이 움직이는 모습은 '둥둥' 같은 의태어로 표현된다. 일본어는 전치사를 동반하지 않으며 동사의 방향성은 '들어가다'처럼 동사 자체로 담아낼 수 있다. 움

직임의 양상은 부사구, 특히 의태어를 사용해 표현되는 경우가 많은데, 구체적인 양태를 구분해서 표현하는 것이 필수는 아니다.

영어라면 이것을 어떻게 표현할까? 일본어 화자라면 자기도 모르게 'A bottle entered the cave, slowly floating' 따위의 표현을 쓰고 싶어진다. 이것이 결코 잘못된 표현은 아니지만 자연스러운 영어도 아니다. 영어 모어 화자는 애당초 이런 문장을 쓰지 않는다. 보통은 'A bottle **floated into** the cave'라고 말할 것이다. 영어에서는 움직임을 표현할 때, 움직이는 상태를 나타내는 양태동사(여기서는 float)에 방향을 나타내는 전치사를 조합시켜, 결국 양태동사를 '~하면서 이동하다'라는 의미로 바꾸어버리는 구문을 다용한다. 요컨대 영어 화자가 이런 상황에서 가장 즐겨 사용하는 구문은 '양태동사+전치사'인 것이다.

이런 식으로 영어 특유의 구문 스키마는 영어 어휘 구조에 직접적인 영향을 끼친다. 영어에서는 움직이는 방법, 행위 방식을 의미에 이미 포괄해버린 동사가 무수히 많다. 예를 들어 일본어에서는 '걷다'라고 대략적으로 표현하는 다양한 걸음걸이를 영어에서는 무척 자세히 구분해서 사용한다. 'amble'(어슬렁거리며 산책하다), 'swagger'(가슴을 펴고 성큼성큼 걷다), 'toddle'(아장아장 걷다), 'trudge'(무거운 발걸음으로 터벅터벅 걷다) 등이 있다.

일본어에서는 '사람이 비틀거리며 문 쪽으로 걸어가 방 안으로 들어갔다'라고 표현될 장면을 영어로 표현할 때 다음과 같이 직역하고 싶어진다.

(1) A man walked to the door and entered the room with unsteady steps.

하지만 이런 문장을 작성할 영어 모어 화자는 거의 없을 것이다. 보통 다음과 같이 말할 것이다.

(2) A man **wobbled into** the room.

일본어와 영어는 무엇이 어떻게 다른 것일까. 일본어
에서는 '걷다'와 '가다'와 '들어가다'라는 세 가지 동사가
필요하다. '비틀거리며'라는 구가 '걷다'를 수식해 걷는 상
태에 대한 정보를 부가한다. 하지만 영어에서는 'wob-
ble'이라는 동사 하나로 단번에 끝낼 수 있다.

'wobble'이라는 동사는 원래 '비틀거리다'라는 움직임
을 나타내는 동작 동사이며, 이하에 나온 (3)과 (4)처럼
사용한다.

(3) The table wobbles where the leg is too short. (테이
블의 한쪽 다리가 짧아서 흔들거린다. 『옥스퍼드 영어사전*Oxford
Dictionary of English*』의 용례)

(4) His knees began to wobble. (무릎이 후들후들 떨리기 시
작했다. 『랜덤하우스 영일대사전』의 용례)

원래 영어에서는 'wobble'처럼 어떤 특정한 상태가 동
사로 표현되는 경우가 무척 많다. 반면에 일본어에서는
동작의 상태에 대한 정보가 동사 안에 들어가지 않는다.

상태는 필요에 따라 부사(특히 의태어)로 표현되는데 부사가 없어도 문장은 성립된다. 따라서 일본의 영어 학습자들이 '테이블이 불안정하게 흔들거리다' '무릎이 후들후들 떨린다'라는 일본어를 영어로 표현할 때, 대체로 '하다' '울리다' '떨리다' 등의 일본어 동사를 일영사전에서 검색한 후 (5), (6)처럼 일반적인 술어 문장을 만드는 것이 보통이다.

(5) The table stands unstably because one leg is too short.

(6) His knees began to shake.

(5), (6)은 문법적으로는 오류가 없으며 의미도 전달될 것이다. 그러나 양태동사를 적절히 구사해서 (3), (4) 같은 문장을 만들 수 있다면 상급 영어 학습자라고 말할 수 있다. 양태동사를 전치사와 조합해 (2) 같은 문장을 쓰거나 말할 수 있다면 군더더기 없는 문장이 되어 모어 화자에게도 자연스러운 영어가 될 것이다.

(2)에서는 'wobble'에 애당초 담겨진 '비틀거리다'라는 의미가 'into'라는 전치사와 함께 사용되면서 "비틀거리

면서 '방 안으로' 들어가다"라는 의미로 전환되었다. 이런 변화를 과연 알아차리셨을까. 앞서 언급한 것처럼 방향을 나타내는 전치사가 뒤에 이어서 나오면 동사의 의미가 '~하면서 **이동하다**'라는 의미로 바뀐다. 이는 비단 'wobble'의 예에 그치지 않고 영어 어휘 전반에 걸쳐 무척 자주 발견되는 패턴이다. (2)의 패턴을 더더욱 발전시킨 것이 (7)의 문장이다.

(7) The little animal then **staggered, wobbled** and **limped** around for a few seconds before turning for the last time to his rescuers and **wandering off back to** nature. (『옥스퍼드 구문 사전*Oxford Sentence Dictionary*』)

'stagger, wobble, limp' 등 비슷하면서도 미세하게 다른 의미를 지닌 양태동사가 반복되면서 불안정하게 비틀거리는 느낌이 강조되고 있다. 참고로 'stagger'는 굳이 말하자면 앞으로 고꾸라져 넘어질 것처럼 비틀거리는 느낌, 'wobble'은 옆으로 흔들리며 비틀거리는 느낌, 'limp'는 발을 질질 끄는 움직임이다. 이 문장을 번역해보면 다음과 같다.

(8) 그 작은 동물은 당장이라도 앞으로 고꾸라질 듯 후
들후들 떨며 발을 질질 끈 상태로 몇 초간 주위를 맴
돌더니 마지막으로 자신을 도와준 사람들을 한번 돌
아본 후 자연 속으로 사라져갔다.

마지막에 나온 'wander' 역시 특정한 양태를 나타낸 동
작(여기저기를 배회하다)을 표현한 동사인데 여기에 'to'라는
전치사를 붙여 한쪽으로 이동한다는 의미를 부여한 후
'off'와 'back'으로 '사라져간다'와 '돌아간다'라는 의미를
부가하고 있다. 일본어로 번역할 때 방향성을 삽입시키
려고 하면 도저히 'wander'의 '여기저기를 배회하다'라는
상태를 문장 중에 담아낼 수가 없다.
우리가 특정 사건을 보고 거기에 담긴 동작에 관해 이
야기할 때, 어떤 요소를 동사 안에 넣고 어떤 요소를 동
사 이외의 부분(술부述部의 전치사구 등)에서 표현하는지에
관한 패턴을 '어휘화 패턴'이라고 한다. 지금까지 언급해
왔던 사항들로부터 알 수 있듯이 **영어는 동작의 양태 정
보를 주동사로 표현하고 이동의 방향은 동사 이외(전치
사)에서 표현한다.**
이 패턴은 걷는 방식에 국한되지 않는다. 웃는 방식이

나 말하는 방식도 마찬가지다. 어떻게 웃는지, 어떻게 말하는지에 따라 세밀하게 구별해서 말한다. 예를 들어 소리를 내면서 일반적으로 웃을 때는 'laugh'지만 키득거리면서 웃을 때는 'giggle', 입이 째지도록 이까지 드러내면서 웃을 때는 'grin', 목소리를 내지 않고 목구멍 깊숙이에서 웃을 때는 'chuckle'이라고 말한다.

이런 어휘화 패턴은 영어에서 다양한 개념의 분야에 공통적으로 발견되기 때문에 영어 모어 화자가 가진 스키마의 핵심을 구성한다. 영어 학습자가 이런 스키마를 사용하게 되면 원어민에 가까운 본격적인 영어를 표현해낼 수 있게 될 것이다.

상태와 동작의 구별

동사가 의미를 만들어내는 방식에서 영어와 일본어 사이에 존재하는 현저한 차이점을 또 한 가지 들어보자면, 영어에서는 상태와 동작을 엄밀히 구별하지만, 일본어에서는 그 구별이 애매하다는 점이다. 일본어는 상태와 동작을 나타낼 때 동일한 동사를 사용하고 있으며, 그 차이는 '~하고 있다'라는 구문을 활용하는지로 구별한다. 어쩌면 이런 점이 원인일지도 모른다. '~하고 있다'의 의미 자체도 애매한 경우가 많다. 예를 들어 '그녀는 바지를 입고 있다'라는 문장에서는 실제로 입고 있는 '상태'를 말하는지, 바지를 입고 있는 '동작'을 말하는지 좀처럼 명확히 구분하기 어렵다.

영어에서는 애당초 상태와 동작이 별개의 동사로 표현된다. 예를 들어 'wear'라는 동사는 양태동사여서 직접 입는 동작을 말할 때 사용되는 경우가 없다. 'She is wearing a red dress'는 빨간 드레스를 (지금) 몸에 입고 있다는 상태를 가리킨다. 입고 있는 동작을 가리킬 때는 'She is putting on a red dress'라고 말해야 한다. 'hold'와 'carry'의 차이도 마찬가지다.

일본어 화자는 양태동사를 동작 표현에 사용해버리는 오류를 자주 범한다. 나는 이전에 '지각할 것 같으니 빨리 옷을 입으세요'라는 일본어 문장에 대해 'Hurry up and wear your clothes right away, or you will be late for school'이라는 영문을 보여주며 이 문장이 올바른지를 일본의 대학생들에게 물어본 적이 있다. 무려 80퍼센트의 대학생들이 이 문장을 올바르다고 판단했다. 영어 화자 중에서 이 문장이 올바르다고 판단한 사람은 0퍼센트였다.

(그런데 양태동사는 진행형으로 쓰지 않는다고 학교 문법에서 배웠던 적이 있는 분은 'wear'나 'hold'는 진행형을 쓸 수 있으므로 동작을 나타내는 것이 아니냐고 생각할지도 모른다. 분명 'know, believe, like' 등의 양태동사는 일반적으로 진행형을 사용하지 않는다. 하지만 양태동사라도 '지금' 이런 상태라는 함의를 지니게 할 때는 진행형을 사용하는 경우가 있다. 예를 들어 지금 눈앞에 있는 고등학생이 입고 있는 교복이 귀엽다고 말하고 싶을 때는 'She is wearing a cute uniform'이라고 진행형으로 말하고, 어떤 귀여운 교복을 항상 입고 있다고 말할 때는 'The students of this school wear a cute uniform'처럼 현재형을 사용한다. 'know'라든가 'believe' 같은 동사는 지금만 알고 있는, 지금만 믿고 있다는 것이 아니라, 그 상태가 항시적이기 때문에 진행형이 사용되지 않는다.)

스키마의 괴리가 어휘 학습을 방해한다

영어와 일본어에 존재하는 스키마의 괴리는 어휘 학습에 큰 영향을 끼쳐 대부분 어휘 학습을 방해한다. 앞서 언급했던 것처럼 스키마란 무의식적으로 기능하는 지식 시스템으로 정보의 선택이나 추론에 사용된다. 누구나 자신의 모어에 대해서는 풍요로운 스키마를 가지고 있지만, 그런 사실을 미처 인식하지 못한 채 듣거나 읽을 때 무의식적으로 사용하고 있다. 암묵적인 지식을 무의식적으로 적용하고 있기에 **외국어를 이해할 때나 이를 표현해낼 때도 모어 스키마를 자기도 모르게 적용해버리게 되는** 것이다. 1장에서 언급했던 것처럼 사람은 자신이 주의를 기울일 수 없는 정보를 받아들이지 못하고 기억할 수도 없다. 그리고 스키마는 주의를 기울일 정보를 선택한다.

학습자가 일본어 스키마, 요컨대 '동사 자체가 움직임의 방향성을 포함한 의미를 지니고 있으며 부사구로 움직임의 양태를 나타내는 스키마'를 무의식적으로 적용하면서 영어를 듣거나 읽으면 어떻게 될까. 양태를 구분해서 나타내는 동사 자체가 기억에 남지 않을 것이다. 양태동사가 사용되고 있음에도 불구하고, 그것을 읽거나 들어도 구체적인 양태를 뺀 '걷다' '이야기하다' 레벨의 의미만 학습자에게 남게 된다. 'swagger'(가슴을 펴고 성큼성큼 걷다)라는 동사를 읽어도, '걷는 거겠지 뭐'라고 생각해버린 순간, 자신이 읽은 동사는 마치 'walk'였던 것처럼 기억되어버린다.

문제는 양태동사가 기억에 좀처럼 남아있지 않다는 사

실에 그치지 않는다. 스키마의 괴리는 전치사 학습에도 영향을 미친다. 영어에서는 움직임의 방향성이 애당초 포함되지 않은 양태동사를 전치사와 조합시킴으로써 방향성을 표현한다. 'float'에는 '들어가다'라든가 '나가다'라는 의미가 원래는 없지만, 'float into'라고 표현된 순간 '둥둥 뜨면서 들어간다'라는 의미가 생성된다. 하지만 일본어에는 전치사가 없으므로 방향성을 표현하려면 '들어가다' '나가다' 같은 방향동사를 사용할 수밖에 없다. 그래서 'A bottle entered the cave, slowly floating'이 되어버리는 것이다. 일본어 화자가 영어 전치사를 사용할 때 서툰 까닭은 **일본어 스키마의 방해를 받아 무의식적으로 움직임의 방향성을 동사 안에 집어넣어 버리기** 때문이다. 방향성을 전치사로 표현한다는 발상 자체가 어려워지는 원인은 바로 이 점에서 찾을 수 있을 것이다.

아이는 언제 모어 고유의 스키마를 익히게 되는가?

그런데 아이들은 언제쯤부터 자신의 모어에 고유한 동사 스키마를 익히게 될까? 성인들의 영어 학습 이야기로부터 조금 벗어나지만, 미국의 연구팀과 공동으로 각각

스타리가
'루치하고' 있는 거야!

영어와 일본어가 모어인 유아를 대상으로 필자가 진행했던 실험을 여기서 소개하고 싶다.

스타리라는 불가사리 모양의 캐릭터가 어떤 동작을 하면서 화면 위를 이동하는 비디오를 유아에게 보여준다. 예를 들어 회전하면서 상승하고 있는 장면을 보여준다. 비디오와 함께 "스타리가 '루치하고' 있는 거야"라는 음성을 들려준다. 아이가 한 번도 들어본 적 없는(실제로도 존재하지 않는) 동사로 표현된 것이다. 영어로는 'Starly is fepping!'이라고 말한다(fep도 실재하지 않는 동사). 그 후 두 가지 영상을 보여준다. 첫 번째는 아까와 달리, 예를 들어 허리를 접거나 펼치거나 하는 식의 동작을 보여주며 상승한다. 두 번째 영상은 동일한 동작, 즉 회전하면서 하강한다. 요컨대 동작의 상태와 방향으로 나눈 것이다. 그리고 "'루치하고' 있는 것은 어느 쪽일까?"(영어로 Find Starly fepping! Where is Starly fepping*?)이라고 묻는다. 아이가 첫 번째를 선택하면 동사는 방향을 나타낸다고 생각하고 있음을 알 수 있고, 두 번째를 선택하면 방향과는 무관하게 특정 동작의 상태(양태)가 동사의 의미에 포함된다고 생각하고 있음을 알 수 있다.

실험 결과, 영어를 모어로 하는 아이나 일본어를 모어로 하는 아이 모두, 두 살 무렵까지는 움직임의 방향에 주목해서 동사가 특정 방향의 움직임(예를 들어 올라가다, 내려가다 등)을 가리킨다고 생각하고 있었다. 하지만 세 살 무렵부터는 양상이 달라진다. 영어가 모어인 아이들은 방향이 아니라 동작의 상태(양태)가 동사의 의미에 담겨 있다는 스키마를 이미 획득하고 있었다. 일본어가 모어인 아이는 두 살이든 세 살 이후든, 동사는 방향성을 의미한다는 스키마를 가지고 있었다.

이런 사실은 일본어처럼 방향성을 동사 안에서 표현하는 이동 동작의 어휘화 방식 쪽이 인류에게 좀 더 자연스러운(디폴트default) 방식임을 시사하고 있다. 오히려 영어

---

* 이것은 "루치하고 있는 것은 어느 쪽일까?"에 대응하는 자연스러운 영어문장이다. 처음에 "In which video Starly fepping?"라는 질문을 준비했는데 영어 모어 화자인 공동연구자가 문장을 이렇게 고쳐주었다.

는 그런 시각에서 일탈한 어휘화 패턴을 취하고 있을지도 모른다. 일본어 화자가 영어를 배울 때는 원래의 자연스러운 어휘화 패턴에서 벗어나 좀 더 특수한 영어의 어휘화 패턴을 일부러 배워야 하기 때문에 더더욱 어려운 것일지도 모른다.

어쨌든 우리는 어린 시절부터 어떤 사건을 표현할 때 자신의 모어에서 어느 부분을 동사로, 어느 부분을 동사 이외(전치사구나 부사구)로 표현할지를 발견해가며 스키마를 만들고, 그런 스키마를 활용해 다양한 새로운 동사들을 기억해간다. 거듭해서 언급해왔던 것처럼 스키마는 우리 몸에 깊게 배어든 무의식적인 지식이다. 외계에서 발생하고 있는 사건들을 바라볼 때 우리는 스키마에 유도되어 움직임 중 어느 부분은 동사 안에서 표현하고, 어느 부분은 구문으로 표현한다는 (혹은 이 부분의 정보는 언어화하지 않는다는) 사실을 무의식적으로 고려해 동사를 결정하고 문장을 만들어내고 있다.

구문 적용의 오류

성인들의 영어 학습 이야기로 돌아오자. 구문 스키마

의 괴리는 문법의 문제라기보다는 어휘의 문제다. 단어 사용방식에 대한 심각한 지레짐작으로 이어지기 때문이다. 여기서 말하는 지레짐작이란 학습자가 일본어 단어에 '대응한다'라고 여긴 단어를 예컨대 사전을 통해 발견하면, 그것이 그대로 영어문장을 만드는 데 사용될 수 있다고 생각해버리는 것을 가리킨다.

3장에서 언급했던 것처럼 우리는 모어에 대해 풍요로운 지식을 가지고 있다. 그 지식은 의식 아래에서 자동적으로 활성화되지만 의식 위로 드러나지는 않는다. 어떤 단어에 대해 가지고 있는 '빙산의 수면 아래의 지식'이 바로, 개별 단어에 대한 스키마다. 개별 단어의 스키마는 좀 더 광범위한 구문 스키마 등과 연결되는 동시에 활성화된다.

두 가지 언어 사이에서 단어끼리 일대일 대응한다는 지레짐작은 두 가지 형태로 드러난다.

첫 번째로는 앞서 나온 구문 스키마와 관련된 것이다. 이는 영어 단어를 사용해 문장을 만들 때 이에 대응하는 일본어 단어에 사용되는 구문을 그대로 적용해버리는 형태로 드러난다. 요컨대 영어문장을 만들 때, 이에 해당하는 일본어문장의 일본어 단어 하나하나에 영어 단어를 집어넣은 후 그것을 그대로 줄을 세워 문장을 만들어버린다. 때문에 '어슬렁거리며 걷다'를 영어로 표현할 때 'stroll'이나 'amble'이 아니라, 'walk casually'나 'walk mindlessly'처럼 양태를 표현해버린다. 양태를 동사 안에 담아내는 것이 아니라 바깥으로 끌어내서 부사로 표현해버리고 마는 것이다.

사용범위의 잘못된 적용

'지레짐작'을 드러내는 또 하나의 방식은 단어가 사용되는 범위가 일본어와 영어에서 동일하다고 생각해버리는 점이다.

말의 의미는 점이 아니라 면이다. 'hear=듣다'처럼 플래시카드flash card나 어휘 리스트로 부여된 영단어는 사실 '의미'라고 할 수 없다. 면으로서의 단어의 의미를 생각하면 하나의 점에 지나지 않는다. 앞서 언급했던 것처럼 아이는 어떤 상황 안에서 발화된 의미의 점을 통해 면을 추측해서 말을 만들어간다.

외국어 학습자도 마찬가지다. 배우려고 하는 언어에서의 분류 방식, 면의 성격을 지닌 단어의 의미를 점으로 된 예문과 사전에 있는 설명을 통해 추측하게 된다. 하지만 애당초 그 외국어를 모르기 때문에 모어에 의해 자신이 만들어낸 분류 방식(모어 단어 스키마)을 바탕으로 면의 범위를 정할 수밖에 없다. 요컨대 무의식적으로 모어 단어가 가진 의미 범위를 사용해버린다. 이것은 지극히 자연스러운 현상이다.

모어의 의미 범위를 외국어에 잘못 적용해버리는 오용례는 일일이 열거가 불가능할 정도다. 예를 들어 중국에서 온 유학생은 "약을 먹는食べる 것을 깜빡했습니다"라고 자주 말한다. 일본인들은 "약을 먹는다食べる"라는 표현이 이상하다고 생각한다(일본어에서는 '약을 먹다'라는 표현을 '약을 마신다薬を飲む'라고 쓴다. 즉 '먹다食べる'가 아닌 '마시다飲む'를 동사로 쓴다-역주).

그렇지만 피차일반의 오류를 우리 역시 저지른다. 예를 들어 "그는 이 서류를 한번 검토해두라고 부하에게 말했다"라는 표현과 "그는 내일 미국에 갈 거라고 말했다"를 영어로 표현할 때 '말하다'에 해당하는 것은 'say, talk, tell' 중 어느 것이어도 무방하다고 생각해버린다. 이것은 오류다. 첫 번째 무장은 서류를 읽어두라는 지시이므로 'He told his staff to take a look at that document'처럼

'tell'을 쓰는 것이 적절하다. 두 번째 문장은 'He said to/ told me that he would go to the US the next day'처럼 'say, tell' 양쪽 다일 가능성이 있다. '내게 직접 전했다'라 는 뉘앙스라면 'tell'을 사용하지만, 누군가 다른 사람에게 말했던 것을 들은 것이라면 'say'를 사용한다. 상황에 따라 동사 선택은 달라진다.

'말하다'와 'say, talk, tell'은 일본어 쪽이 의미 범위가 넓은 케이스인데 그 반대의 경우도 있다. 예를 들어 'wear' 의 의미 범위가 '입다'와 동일하다고 생각해버린다. 그러면 어떤 일이 발생하느냐 하면, 'Look at the cool pants/ shoes/hat/necklace/glasses she is wearing'이라는 '올바른' 영문을 매우 많은 일본어 학습자가 '부자연스럽다'라고 판단해버리는 것이다. 일본어에서 '입다'라고 말하지 않는 바지·모자·목걸이·안경 등을 'wear'의 목적어로 한 영어문장이기 때문이다.

다다미방으로 들어가기 위해 신발을 벗은 순간 양말에 구멍이 뚫려있어서 '부끄러웠다'라고 말하고 싶은 상황이라면, 과연 영어로 어떻게 말해야 좋을까? '부끄럽다'를 '웨블리오Weblio' 영일·일영사전에서 검색해보면 첫 번째 뜻으로 '부끄러워할 만함'이 나와 있으며, 대응하는 영단어로 'disgraceful; shameful'이 나와 있다. 나아가 '부끄럽다'의 두 번째 뜻으로 '난처하다'가 있으며 'be ashamed 《of》; be embarrassed 《by, about》'이라고 적혀있다.

겨우 이 정도의 힌트만으로 해당 단어를 사용할 수 있는 모든 상황을 추론해, '면'으로서의 의미를 복원하는 것은 불가능한 일이다. 자연히 학습자는 일본어 스키마에서 '점'을 확장할 수밖에 없다. 사전의 이런 기술 때문에 '부끄럽다=ashamed=embarrassed'의 공식을 학습자가 만들어버리는 것은 참으로 당연지사일 것이다.

하지만 'ashamed'는 '애당초 해서는 안 될 일인 걸 알면서도 해버려서 부끄럽다'라는 죄의식을 동반했을 때 사용하기 때문에, 고작 양말에 구멍이 뚫려있어서 '부끄러웠다'라는 상황에서 사용해버리면 영어 모어 화자에게는 기묘하게 들려버린다. 여기서는 'I feel embarrassed'가 훨씬 자연스러운 표현이다. 그러나 일단 '부끄럽다=ashamed'라는 공식이 머릿속에 박혀버리면 다른 표현을 접해도 한 귀로 흘려버리게 되어 좀처럼 머릿속에 들어오지 않는다. 가까스로 'embarrassed'를 기억해도 이번엔 'ashamed=embarrassed'라는 공식을 만들어버리기

일쑤다.

일본어 화자는 'shy'도 '부끄럽다'로 기억하고 있어서 양말에 구멍이 뚫려있어서 부끄럽다고 말하고 싶을 때 'I am shy to find a hole in my sock' 따위의 표현을 써버리는 오용까지 종종 발견된다. 'shy'는 상황이 아니라 성격을 나타내기 때문에 'ashamed'와 'shy'는 영어 화자에게는 완전히 다른 말이다. 하지만 일본어에서는 '부끄럽다'와 '부끄럼쟁이'의 어근이 동일하기 때문에 이렇게 혼동해버린다.

스키마는 직접 탐색하지 않으면 익혀지지 않는다

그렇다면 이 문제에 어떻게 대처하면 좋을까. 우선 일본어 모어 화자는 영어를 사용할 때 무의식적으로 일본어 스키마를 사용하고 있다는 점, 하지만 그러면 자칫 부자연스러운 영어 문장을 만들어버릴 수 있다는 점을 인식할 필요가 있다. 다음으로 영어 모어 화자의 스키마를 직접 탐색해가는 것이 중요하다.

어째서 직접 탐색해가야 할까. 굳이 직접 찾아내지 않아도 일본인이 자주 틀리는 패턴을 해설해주는 책이 많기에 그것을 보면 된다고 생각할 독자도 있을 것이다. 첫 번째 이유는 이런 책들의 경우 어째서 일본인이 이런 오류를 범하는지, 그 근본에 있는 문제를 설명하고 있지 않기 때문에 근본적으로 어떻게 수정할 수 있는지에 대한 시사점을 얻을 수 없다. 나아가 일본인이 자주 사용하는 부자연스러운 표현 백 가지를 한 권 안에 모아두었다손 치더라도 그것을 최선을 다해 외우면 해당되는 백 개의 이상한 표현은 고쳐질지도 모르겠으나 이상한 표현은 그 외에도 무수히 존재한다. 무수히 존재하는 부자연스러운 표현 모두를 지적해줄 책이나 웹사이트는 존재하지 않는다. 이것이 두 번째 이유다.

스스로 스키마를 탐색하고 발견해야 할 세 번째의 (그리고 가장 큰) 이유는, 올바른 스키마를 누가 가르쳐주었다고 해도 인간은 그것만으로 새롭고 올바른 스키마를 정착시킬 수 없기 때문이다. 새로운 스키마는 결국 이전부터 존재했던 스키마에 저버리고 말 것이다. 앞에서도 언급했던 것처럼 스키마는 빙산의 수면 아래 숨겨져 있으며 무의식적인 접근을 통해 사용된다. **영어로 표현해낼 때 스키마를 적절히 사용할 수 있게 하는 것은 이미 신체 일부가 된 일본어 스키마와의 투쟁**이기도 하다. 일단 몸이 한번 기억해두면 그것을 리셋하기란 매우 어렵다. 독자들도 이미 경험해보지 않았을까.

일본어 스키마의 영향으로 '비슷비슷하다'라고 생각해 일괄적으로 취급해버렸던 단어의 의미적 차이를 이해하고, 향후 이것을 구분해서 사용하기 위해 중요한 것은, **비교하면서 의식적으로 다른 점을 발견해내는 것**이다. 하지만 자신의 내면에서 일단 '마찬가지'라고 생각해버리면 다른 사람이 아무리 설명을 해줘도 소용이 없다. 그 자리에서는 일단 고개를 끄덕이며 이해한다고 생각하더라도 결국엔 애당초 가지고 있는 잘못된 스키마 때문에 대부분 잊혀버린다.

그렇다면 일본어에 바탕을 둔 스키마가 영어 구문에서는 잘못된 스키마일 경우, 이를 수정하기 위해 어떻게 하면 좋을까. 스키마의 수정은 현재의 스키마에 의문을 품는 데서 시작된다. 오랜 세월 깊이 스며들어있어서 이미 신체 일부가 되어버린 스키마를 다시 쓰려면, 자신의 스키마가 잘못된 것이라는 사실을 처절히 인식하고 그 사실을 이해하는 것이 가장 유효하다. **가설을 세우고 예측을 했지만 결국 그것에 배반당할 때 인간은 가장 뼈저리게 배운다.**

영어 스키마를 만들어가기 위해서는 우선 학습자가 표면적으로 드러나지 않는 영어 패턴을 스스로 발견해야 한다. 그리고 그 패턴을 통해 예측되는 문장을 만들어본다. 그 예측이 맞았는지를 검증해볼 필요가 있다.

영어 스키마를 익히기 위한 스텝

여기까지 읽은 독자 중에는 역시 성인이 된 이후부터 시작하는 영어 학습이 너무 힘들어서 자신에게는 무리한 일이라고 생각한 분도 있을지 모른다. 전혀 그렇지 않다. 그것을 말하려는 것이 바로, 이 책의 목적이다. 어려운 일은 어려우니 무리하다고 말해버린다면, 굳이 책까지 쓸 이유가 없다. 그러나 어려운 것을 어렵다고 말하지 않고 "간단히 마스터할 수 있다"라고 말하는 것은 거짓말일 뿐만 아니라 학습에 심대한 악영향을 끼친다. 스키마가 근본적으로 어긋나있는데 어긋나있다는 사실을 알아차리지 못한 채 억지로 학습하려고 해도 제대로 배울 수 있을 리 만무하다. 일본어 스키마를 적용하고 있다는 사실을 알아차리지 못한 채 영어로 계속 표현해내려고 하고 있다면 아무리 시간이 흘러도 능숙해질 리 없다.

최종적으로 영어 스키마가 모어 스키마처럼 신체 일부가 되고 무의식적으로 사용할 수 있게 되면 된다. 물론이다. 그러나 그런 경지에 도달하기 위해서는 다음과 같은 스텝을 거칠 필요가 있다.

① 자신이 일본어 스키마를 무의식적으로 영어에 적용하고 있음을 인식한다.

② 영어 단어의 의미를 문맥을 통해 고찰하고, 나아가 코퍼스에서 단어의 의미 범위를 조사해 일본어에 대응하는 단어의 의미 범위나 구문과 비교한다.

③ 일본어와 영어의 단어의 의미 범위나 구문을 비교함으로써 일본어 스키마와 다른, 영어에만 존재하는 독자적인 스키마에 대한 탐색을 시도한다.

④ 스키마의 괴리를 의식하면서 영어로 표현해내는 연
습을 한다. 구문의 괴리와 단어의 의미 범위의 괴
리를 양쪽 모두 의식하며 영어 스키마를 직접 탐색
한다.

⑤ 영어 스키마를 의식하면서 영어로 표현해내는 연습
을 계속한다.

포인트는 '의식'과 '비교'다. 최종적으로는 굳이 의식하
지 않아도 자동적으로 영어 스키마를 사용할 수 있게 되
고 싶다. 처음 한동안은 **일본어 스키마와의 괴리를 의식
하고, 나아가 영어 스키마가 기능할 수 있도록 의식적으
로 연습을 반복하는** 학습을 계속할 필요가 있다. 이 과정
을 거쳐 비로소 영어 스키마는 신체 일부가 되어 무의식
적이고 자동적으로 사용할 수 있게 된다.

다음 장에서는 이 점에 대해 좀 더 상세히 구체적으로
언급해갈 것이다.

5장
코퍼스에 의한 영어
스키마 탐색법 기초편

우선 단어의 의미를 깊이 있게 배운다

영어 스키마를 사용할 수 있게 되려면 우선 영어 스키마를 탐색하는 것에서부터 시작해야 한다. 그러기 위해서는 영문법을 설명한 책을 숙독하기보다는 단어의 의미에 대해 탐색해볼 것을 권한다. 문법만을 단독으로 배워도 영어로 표현해내는 것이 불가능하기 때문이다. 단어를 사용하려면 문법이 절대적으로 필요하기에, 단어를 배우면서 문법을 함께 익히는 것이 좋다. 그렇게 하면 서로 다른 단어 사이에 공통된 구문이 점점 눈에 들어오게 될 것이다. 이것이 바로 스키마로 성장해가는 것이다.

스키마 탐색의 첫걸음은 각각의 단어의 의미를 지금까지보다 깊이 있게 조사하는 것이다. 오늘날엔 많은 사람이 인터넷 검색을 통해 영단어의 의미를 조사하는 것 같다. 예를 들어 텍스트를 읽다가 'embarrassed'라는 단어의 의미를 모르겠으면 구글Google에서 'embarrassed 의미'라고 입력하고, 이렇게 검색하면 바로 '부끄럽다'라는 의미가 나온다. 또한 '부끄럽다'에 대응하는 영어로 'embarrassed, ashamed, shy, shamed, abashed, mortified'도 나온다.

사람들 대부분은 이쯤에서 만족해버린다. 그리고

'embarrassed는 부끄럽다는 의미네'라고 외운다. 반대로 '부끄럽다 영어'라고 치고 검색하면 'embarrassed, ashamed, shy' 등의 세 단어가 단박에 나온다. 그래서 '부끄럽다는 embarrassed, ashamed, shy인 거네'라고 생각하고 그것을 외우려고 든다. 이런 식으로 조사해가서야, 당연히 영어 스키마가 만들어질 리 없다.

스키마 탐색의 포인트

3장에서 표현해낼 수 있는 말, 그것을 지탱하는 지각(빙산의 수면 아래 지식)으로 적어도 아래와 같은 여섯 가지 요소가 필요하다고 언급했다.

① 해당 단어가 사용된 구문
② 해당 단어와 공기하는 단어
③ 해당 단어의 빈도
④ 해당 단어가 사용되는 문맥(격식의 정보를 포함한다)
⑤ 해당 단어의 다의 구조(단어 의미의 확장)
⑥ 해당 단어가 속한 개념의 의미 네트워크에 대한 지식

영어 스키마를 만들기 위해서는, 각각의 단어에 대해 앞서 나온 여섯 가지 요소를 조사하는 단계에서 시작해야 한다. 여러 단어를 깊이 조사해가다 보면 그런 것들 사이에 공통적인 패턴이 떠오르게 된다. 그것이 바로 영어 스키마로 성장하게 된다.

하지만 그 정도로 숙련되지 못한 학습자가 이런 것들을 모조리 조사해 머릿속에 넣으려면 보통 힘든 일이 아닐 것이다. **영어 학습에서 중요한 것은 너무 무리하지 말고 여하튼 계속 이어가는 것**이므로 너무 잘하려고 하다가 작심삼일로 끝나버리면 오히려 바람직하지 않다.

이 여섯 가지 가운데 ①, 그다음으로 ②와 ③이 특히 중요하다. 때문에 중요 단어에 대해서는 ① ② ③에 주의를 기울여 조사한다. 실은 나중에 설명할 코퍼스를 사용하면 ③의 빈도는 순식간에 알 수 있으며 코퍼스 예문을 읽어가면 ④도 회화체에서 자주 사용되는지, 특수한 문맥(예를 들어 법률 관련, 비즈니스 관련, 학술적인 문맥 등)에서만 사용되는지, 등을 감각적으로 알 수 있게 된다.

⑤의 다의 구조는 중요한 사항이긴 하지만 처음부터 군이 전체적 의미(용법)를 머릿속에 집어넣으려고 하지 않아도 된다. 그러나 이왕 사전을 찾는다면 적어도 여러

가지 뜻을 끝까지 꼼꼼히 읽어가며 지금 자신이 읽고 있는 문맥에서는 어떤 뜻으로 사용되고 있는지를 최소한 짚어둘 필요가 있다. 이런 과정을 반복해가면 빈도가 높은 동사의 다의는 조금씩 머릿속에 들어올 것이다.

⑥도 매우 중요한 사항이다. 자연스럽게 영어로 표현해낼 수 있게 되려면 단어를 개체가 아니라 어휘 네트워크 안에서, 연관된 여타 단어들과의 관련성을 명확히 해가며 외울 필요성이 절실하다. 상당한 시간과 노력이 필요한 과정이기 때문에 모든 단어에 대해 이 점을 유념하는 것은 그다지 현실적이지 않을지도 모른다. 하지만 꼭 내 것으로 만들고 싶을 정도로 중요 단어가 있다면, 아무쪼록 해당 단어를 둘러싼 네트워크가 어떤 것인지 조사해 머릿속에 넣으려고 시도하길 바란다. 나중에 언급할 코퍼스나 워드넷Wordnet 등의 온라인 툴은 이런 목적을 위해 가장 적합하다.

실제로 단어를 어떻게 조사해가면 좋을지는 앞으로 언급해갈 것이다.

독자에게 한 가지 양해를 구하고 싶은 사항이 있다. 이번 장과 다음 장에서 소개할 온라인 툴은 항상 개발팀에 의해 새로운 버전으로 개량되고 있다. 화면 디자인이 바뀌거나 기능이 더해지거나 치환되는 경우도 있다. 사이트에 접근했을 때 이 책에 나온 그림과 다른 것이 보여도 놀라거나 당황하지 말고 메뉴를 찬찬히 살펴본 후 자신이 원하는 기능을 발견해서 시도해보길 바란다.

단어가 사용되는 구문을 조사한다

앞서 언급했던 것처럼 단어의 의미에 대한 탐색의 첫걸음은 사전의 뜻을 꼼꼼히 살피는 것이다. 사전에 첫 번째로 거론된 것만이 아니라 가능한 한 마지막까지 읽고 지금 자신이 읽고 있는 **문맥에 해당되는 뜻**을 찾아야 한다. 그를 위해서는 반드시 **복수의 예문을 찾아야** 한다. 이것이 철칙이다. 요즘은 무료 온라인 사전에서도 상당한 종류의 예문이 나온다. 가능하면 영영사전이 좋다.

나는 소소한 조사를 할 때는 인터넷상에서 무료로 사용할 수 있는 '캠브리지 영어사전Cambridge English Dictionary'을 애용한다. 예를 들어 'embarrassed'라는 단어를 검색하면 'feeling ashamed or shy'라는 뜻이 나오고,

She felt embarrassed about undressing in front of the

doctor.

I was too embarrassed to admit that I was scared.

라는 'embarrassed'의 대표적인 두 가지 구문의 예문이
나온다.

More examples 을 클릭하면 더 많은 예문이 나온다.
구문에 주의를 기울이면서 예문을 읽어나가면 'embar-
rassed'가 사용된 예문에 몇 가지 패턴이 있다는 사실이
보이기 시작한다. 예를 들어,

I was too embarrassed to admit that I'd forgotten.

라는 구문이 다시 나오기 때문에 'be embarrassed+to부
정사'는 단단히 파악해두어야 한다는 사실을 알 수 있다.
또한 'be embarrassed+전치사 구문'도 있어서 'about'이
나 'by'를 사용한다는 대목에도 주목한다.

예문에 도전한다

  뜻을 일본어로 어떻게 표현할지 알게 되면 자기도 모

르게 자칫 일본어 번역에 이끌려 다닐 수 있으므로 어느 정도 레벨이 되면 영영사전을 찾아볼 것을 권하고 싶다. 하지만 아직 그 정도 단계가 버거운 사람은 영일사전이라도 무방하니 최대한 많은 예문을 찾아보는 것이 중요하다.

예를 들어 아르크샤アルク社의 '에이지로英辞郎 on the WEB Pro'는 예문을 많이 볼 수가 있고 예문에 일본어 번역도 달려있어서 아직 알고 있는 어휘가 적고 영어 예문을 읽어나가는 것이 힘겨운 사람들에게 적당할 것이다. 다만 그 경우 일본어 번역이 오리지널 영문 의미를 고스란히 표현하고 있다고 생각하지 않는 편이 낫다. 번역문도 아마 프로가 작성했고 검열도 하고 있어서 기본적으로는 오류가 없을 것이다. 하지만 그것만이 유일한 정답이라고 생각하지 말고 어디까지나 대략적인 의미를 전한다는 인식을 지니고 살펴보는 편이 좋다. 자연스러운 일본어로 번역하려면 영어 단어 하나하나를 일본어 단어에 대응시켜서 일본어 문장으로 표현하는 것은 무리기 때문에 단어 단위가 아니라 구句나 문장 전체를 단위로 생각하는 편이 효율적이다. 영어문장은 전체적으로 이런 말을 하고 싶은 거로구나, 라고 생각하면서 번역문을 읽으

에이지로英辞郎 on the WEB Pro의 　정렬　 화면

면 그것 자체가 일본어와 영어, 각각의 스키마의 차이에 대한 발견으로 이어질 것이다.

　검색어 입력 창 옆에 버튼이 세 개(애매 검색, 　정렬　, 빈도집계) 이어져 있는데 한가운데 있는 정렬 이라는 버튼을 클릭하면 검색하려는 단어를 중심으로 정렬된 예문이 표시된다. 이처럼 정렬된 형태로 예문을 훑어가면 단어가 사용되는 구문을 일람할 수 있어서 패턴 파악이 용이하다. 언뜻 보기만 해도 'embarrassed'의 앞에는 'feel'이나 'be동사'가 오고 바로 뒤에는 'about'이 오는 패턴이 많다는 사실을 알 수 있다. 단, 'embarrassed about'이 맨 먼저 나오는 것은 알파벳 순서로 정렬되어있기 때문이다. 아래쪽으로 가면 'embarrassed at'이 나오고, 더 내려가다 보면 'embarrassed by'도 나온다. (실제로 embarrassed by의 패턴 쪽이 embarrassed about보다 용례가 많으므로 주의하시길 바란다.)

여유가 있으면 'embarrassed about/at/by'에 대해 각각의 **의미적 차이를 문장을 통해 과연 추론할 수 있을지** 시도해보면 아주 좋다. 앞서 언급했던 것처럼 영어에서 동사 (혹은 형용사)+전치사 구문은 문장을 만드는 주축이지만, 전치사는 일본어 화자들이 가장 애를 먹는 것들 중 하나다. 전치사의 의미나 용법을 설명한 책을 종종 발견하곤 하는데 전치사에만 주목해서는 전치사를 제대로 이해하기 어렵다. 전치사의 활용 방식이나 의미를 이해하려면 **술부 안에서 전치사가 바뀔 때 술부 전체의 의미가 어떻게 바뀌는지를 고찰하고, 그런 다음 예컨대 어째서 이 문맥에서는 by가 아니라 at인지에 대해 고민해볼 것**을 권한다. 구문 스키마를 만든다는 측면에서도 중요하지만, 전치사의 스키마를 만들기 위해서도 이것이 가장 좋은 방법이다.

코퍼스를 사용해 비슷한 단어를 탐색한다

앞서 언급했던 것처럼 단어의 의미를 표현해낼 수 있는 레벨까지 깊이 이해하려면 유의어에 대해 알고 유의어와의 관계성을 이해하는 것이 매우 중요하다(빙산의 수면 아래의 지식 ⑥). 이 점에 대한 조사에 유용한 것이 코퍼스의 시소러스thesaurus 기능과 공기어 정보다.

코퍼스란 다양한 장르의 텍스트(문장)를 모아놓은 것이다. 현재는 거의 전자적電子的으로 집적된 것을 가리키기 때문에 코퍼스 대부분에는 검색 기능이 달려있다. 코퍼스에서는 수많은 용례에 대한 일람이 가능하고 단어가 사용된 문맥을 하나하나 살펴볼 수 있는데, 이는 에이지로英辞郎 등 온라인 영일사전에서도 가능하다. 하지만 코퍼스 대부분은 이에 그치지 않고 유의어나 공기어에 대한 정보도 제시해준다.

코퍼스에는 유료 내용과 무료 내용이 있다. 유료 코퍼스는 다량의 정보를 제공해주기 때문에 잘만 사용하면 효과가 엄청나지만, 처음에는 간단하고 무료인 코퍼스에서 시작하는 것이 좋을 것이다. 사용법을 굳이 배우지 않아도 즉시 사용할 수 있기 때문이다. 예를 들어 스켈SkELL이라는 무료 온라인 코퍼스는 사용하기에도 간편

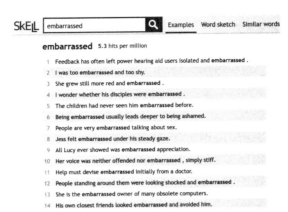

스켈의 Examples 화면

하다(단, 이 코퍼스는 인터페이스interface와 예문 모두 영어뿐이며 일본어 번역은 제공하지 않는다).

구글 등의 검색 엔진에서 'SkELL'이라고 입력하고 가장 먼저 나오는 홈페이지에 가보자. 검색창에 검색하고 싶은 단어를 입력하고 검색 기능을 선택한다. 스켈에는 예문을 제시한 Examples 이외에도 Word sketch , Similar words 라는 세 가지 검색 기능이 있다. Word sketch 에서는 타깃으로 삼고 있는 단어에 공기하는 단어를, Similar words 에서는 유사한 단어를 찾아볼 수 있다.

이번엔 'embarrassed'를 검색어로 Similar words 를 클

스켈의 Similar words 화면

릭해보자. 그러면 영어 관점에서 'embarrassed'와 유사한
단어가 단어 리스트와 비주얼 표현이라는 두 가지 형태
로 표시된다. 다양한 색깔로 구성된 비주얼 표현 쪽이 직
감적으로 이해하기 쉽다. 큰 글자로 적힌 단어는 'embar-
rassed'에 가깝고, 작은 글자로 써질수록 덜 가깝다. 단어
리스트 쪽은 'embarrassed'와 거리가 가까운 순서로 나열
되어있고 각각을 클릭하면 해당 단어의 Word sketch
화면으로 바로 전환될 수 있다.

화면을 보면 비주얼 표현에서는 'ashamed'가 가장 사
이즈가 크고 단어 리스트에서도 꼭대기에 나와 있으므로
'embarrassed'와 'ashamed'는 매우 유사하다는 것을 알
수 있다. 'ashamed' 이외에 'disappointed, scared, upset,

disgusted, surprised' 등이 열거되어있다. 여기서 열거된 단어군은 모두 인간의 심정과 관련된 단어로 그런 의미에서는 '가깝다'라고는 말할 수 있지만 이런 것들이 동일한 일본어로 번역되지 않기 때문에, 일본어 어감에서의 '의미적 거리'와 반드시 일치하지는 않는다.

비슷한 단어는 사용되는 문형이 동일

여기서 '비슷하다'라는 말의 의미에 주의할 필요가 있다. 코퍼스에서는 두 가지 단어의 공기 패턴이 어느 정도 비슷한지를 수치화해 그것에 의해 단어끼리의 유사성을 결정짓는다.

'공기 패턴'에 대해서도 설명이 필요하다. 공기 정보가 해당 단어의 의미와 깊은 연관성을 가지고 있으며 의미적으로도 매우 중요하다는 사실에 대해 3장의 '공기의 지식' 부분에서 언급했었다. 복습해보면 공기 패턴이란 타깃 단어와 함께 나타나기 쉬운 단어가 무엇인지를 나타낸다.

공기하기 쉬운 단어가 비슷하다는 말은 타깃 단어가 동일한 구문에서 사용된다는 말이다. 'embarrassed'의 경우에는 'be embarrassed by...'라는 구문에서 사용되는 경우가 많고 'ashamed, disappointed, disgusted, surprised' 등도 같은 문형을 취한다. 'embarrassed'의 Similar words 의 상위에 shy가 나오지 않는 점에 주목할 필요가 있다. 영어 화자의 시각에서 보면 'embarrassed, ashamed, disappointed'는 서로 '비슷하지만' 'embarrassed, ashamed, disappointed'와 'shy'는 그다지 '비슷하지 않다'는 말이 될 것이다. 우리는 자칫 단어끼리의 유사성을 문형과 별개로 추출해 의미만으로 생각해버리기 쉽지만, 의미는 단어 하나만으로 표현되는 것이 아니라 구문 전체를 통해 표현된다. 영어 모어 화자들에게 'ashamed'와 'embarrassed'는 문형이 비슷하고 상호간 의미적으로도 가깝지만, 'shy'는 제법 멀다는 사실을 알 수 있다. 영어 모어 화자는 일본어 모어 학습자가 이런 것들 모두 '부끄럽다'라는 이름 아래 동일한 단어로 뭉뚱그려버린다는 사실에 필시 놀랄 것이다.

'shy'와 비슷한 단어를 Similar words 에서 살펴보자. 여기서도 유사어 중에 'ashamed'나 'embarrassed'는 나오지 않는다. 'embarrassed, ashamed' 등이 '어떤 상황에 대한 반응으로서 나타난 심정'임에 반해 'shy'에서는 'tim-

shy의 Similar words 화면

id, nervous, lonely, quiet, tired, hungry' 등 '성격·심리 상태·생리 상태'를 나타내는 형용사가 많았다.

비슷한 단어끼리의 차이를 탐색한다

Similar words 의 기능을 통해 'embarrassed'와 'ashamed'가 비슷하다는 사실을 알게 되었다. 그렇다면 두 가지 단어는 어떤 점에서 다를까? 두 가지 단어의 Examples 를 통해 예문을 살펴보는 것만으로는 그 차이점에 대해 충분히 이해하기 어렵다. 그럴 때 도움이 되는 것이 바로 Word sketch 다. Word sketch 에서는 타깃 단어와 실제로 공기하는 단어가 목록화되어있어

embarrassed의 Word sketch 화면

서 각각의 단어를 클릭하면 공기하고 있는 예문들을 볼 수 있다. 예를 들어 'embarrassed'의 Word sketch 에 'modifiers'(수식어) 리스트로 나와 있는 'little'을 클릭하면 'little embarrassed'를 포함한 예문이 제시된다.

두 개의 창을 펼쳐서 'embarrassed'와 'ashamed'의 Word sketch 를 나란히 비교해보면, 몇 가지 특징이 보이기 시작한다. 두 단어에 공통적으로 공기하는 단어도 있는가 하면, 한쪽에서만 공기하는 단어도 있다.

예를 들어 각각의 단어를 수식하는 부사modifiers를 비교해보자. 그러면 'embarrassed' 쪽의 'little, slightly' 같은

SKELL [ashamed] 🔍 Examples Word sketch

ashamed adjective Context ⬭

words with property ashamed

[m] [man] [bit] [people]

modifiers of ashamed

[deeply] [thoroughly] [little] [somewhat] [too] [slightly] [almost] [rather] [sc

verbs with ashamed

[feel] [be] [become]

words and

[embarrassed] [afraid]

or ashamed

[embarrassed] [afraid] [guilty]

ashamed의 | Word sketch | 화면

예를 보면 알 수 있듯이, 정도가 낮은 것을 나타내는 부
사가 공기 빈도가 높다는 사실을 알 수 있다. 반대로
'ashamed'의 상위어는 'deeply'와 'thoroughly'이기 때문
에 이쪽은 정도가 심한 것을 나타내는 수식어가 주로 사
용됨을 알 수 있다.

아래에서 두 번째에 나오는 | word and |나, 가장
아래 나온 | or ashamed | | or embarrassed |를 비교해서
살펴보면 이 두 가지 단어가 병렬하여 사용될 경우가
많은 것을 단박에 알 수 있다. 요컨대 'embarrassed'와
'ashamed'는 부끄럽다는 심정의 정도 차이에 의해 구분

해서 사용될 가능성이 있다는 가설이 생겨나게 된다. 'ashamed'는 'ashamed or afraid'처럼 'afraid'와 나란히 사용되기 때문에 'afraid'와 의미가 가깝다. 'embarrassed' 쪽은 'embarrassed and angry'처럼 'angry'와 병렬된다는 것도 특징적이었다. 예문을 통해 살펴봤을 때, 자신의 행위에 대해서 'ashamed'는 죄의식을 동반한 수치심임에 반해 'embarrassed'는 '타이밍이 좋지 않다'에 가까운 의미일 것으로 추정된다.

또 하나 주목하고 싶은 것은 두 단어와 함께 사용되는 동사다. 'embarrassed'는 'Julie seemed embarrassed at her husband's behavior; however, she did not seem surprised'라는 문장에서 살펴볼 수 있듯이 'seem'이나 'look'이 빈번히 함께 사용된다. 이와는 대조적으로 'ashamed' 쪽은 'feel, be, become'과 공기하며 'He looked ashamed'라고 말하는 경우는 거의 없다. 요컨대 'embarrassed'에 해당되는 상태는 겉으로 봤을 때 금방 알 수 있지만 'ashamed'와 관련된 심정은 좀 더 내적인 것이기 때문에 겉으로 봐서 알 수 있는 성질의 것이 아니라는 사실이 보이기 시작하는 것이다.

이번엔 'shy'의 공기 패턴을 보면서 'embarrassed,

여기에
주목 ➜

shy의 Word sketch 화면

ashamed'와 비교해보자. 'embarrassed'와 'ashamed'는
예문을 살펴보면 사람이 주어가 되어 'Someone is em-
barrassed/ashamed'류의 문형이 많이 나오는 반면, 'em-
barrassed person' 같은 사용법은 거의 나오지 않는다.
한편 'shy'는 'shy smile, shy teenager, shy girl'처럼 명사
수식어로 사용되는 경우가 대부분이다. 이런 패턴도 이
런 단어들을 사용해 영문을 만들 때 매우 유용하고 중요
한 정보가 된다.

적절한 추상명사 선택하기

이번엔 추상명사를 제재로 의미 탐구 방식을 소개해보자. 추상명사 역시 일본어 명사와의 대응에 괴리가 생길 경우가 많아 학습자가 상당히 애를 먹는 항목이다. 예를 들어 '본능' '직감' '지식' '능력' 같은 추상명사들은 내가 연구 성과를 영어로 발표할 때 절대로 피해갈 수 없는 중요한 키워드인데, 한편으로는 적확하게 사용하는 것이 참으로 어려워서 항상 애를 먹고 있다. 여기서도 중요한 유의점은 일영사전에 이어져 있는 영단어가 일본어 개념과 동일하지 않다는 사실을 강하게 의식해야 한다는 점이다.

'본능'과 '직감'. 일본어에서는 그 의미구별이 제법 어렵다. '본능적으로 알 수 있다'와 '직감적으로 알 수 있다'는 과연 어떻게 다를까? 영어로는 'instinct'와 'intuition'이라는 단어가 있다. 전자를 '본능', 후자를 '직감'이라는 일본어에 대응시켜서 사용해도 좋을까?

이하 스켈에서 가져온 예문이다. XXX와 YYY에는 'intuition'이나 'instinct' 중 하나가 들어가는데, 어느 쪽일지 생각해보길 바란다.

Master chess players use a combination of [XXX] and calculation in deciding on the best move.

His common sense and [XXX] told him that early retirement was the right thing to do.

Most of the time, marketing managers use [XXX] and experience to handle situations, without referring to theory.

We recognize by moral [XXX] that certain actions are wrong.

The coach has good [XXX] for predicting the plays of the opposing team.

Following ancient [YYYs], the fish head up the river to reproduce, traveling a well-known migration route.

The baby's first few days are guided primarily by [YYY].

Children display natural [YYYs] to destroy things.

Our collective [YYY] is to blame our politicians.

The cat is following a natural [YYY] in killing birds and mice.

She has a strong maternal [YYY] to protect her family.

두 단어를 검색어로 스켈의 │ Word sketch │에서 공기어 패턴을 검색해보자. 특히 각각의 단어와 공기하는 동사와 수식어에 주목하면 된다.

우선 동사와의 공기 패턴부터 살펴보자. │ verbs with instinct/intuition as subject │와 │verbs with instinct/intuition as object │의 양쪽에서 동사가 열거되어있기 때문에 이 두 단어는 양쪽 모두 주어, 목적어가 될 수 있는 명사임을 알 수 있다.

'instinct'가 주어가 되었을 때 공기 빈도가 높은 동사로 'guide, warn, drive' 등의 동사가 있다. 그런데 'intuition'에서는 이런 동사들이 열거되어있지 않다. 'intuition'이 주어가 될 고빈도의 동사는 'tell'뿐이다. 다음으로 'instinct/intuition'가 목적어가 될 경우의 동사를 살펴보자. 'instinct' 쪽에서는 'fight, follow'가 나와 있는데, 'intuition'에서는 이런 동사들이 그다지 공기하지 않는다. 'fight'와 'instinct'의 공기를 예문에서 살펴보면 두 가지 패턴이 있음을 알 수 있다. 하나는 'instinct와 투쟁하다'라는 사용법이다(이것이 instinct가 fight라는 동사의 목적어가 되는 본래의 공기 관계).

But the hardest part of the day was **fighting** the **instinct** to head straight to the children's section.

I had to **fight** every **instinct** to jump out of the police car and run up to the stolen car.

또 하나는 'fighting instinct'라는 구phrase다. 여기서의 사용방식을 보면 'instinct'가 'fight'의 목적어가 되는 것이 아니라 'fighting'이 'instinct'의 수식어가 되어 '투쟁 본능' 이라는 표현을 나타낸다.

스켈에서는 타깃 명사에 이어지는 동사를 자동적으로 검출해 '목적어'로 삼고 있기 때문에, 그 부분에 대해 엄밀한 구별은 불가능하다. 이 부분은 기계에 의한 자동처리의 한계 때문이겠지만, 이것은 이것대로 흥미로운 공기다. 'fighting instinct'라고는 하지만 'fighting intuition' 이라고는 하지 않는다. 이것은 'instinct'와 'intuition'의 차이를 확연히 드러내준다.

이번엔 수식어를 살펴보자. 'instinct'와 자주 공기하는 수식어로 'survival, killer, maternal, predatory, protective, herding' 등이 열거되고 있다. 생존, 살인, 모성, 포식, 방어, 무리 등 동물이 선천적으로 가지고 태어난 성

질이 'instinct'의 수식어로 자주 사용되고 있다. 'natural'
도 'instinct'와 자주 공기하는 것으로 보인다. 한편 'intu-
ition'을 수식하는 공기어로 열거되어있는 것은 'geomet-
ric, moral, intellectual' 등이다. 이쪽은 인간이 태어날 때
부터 가지고 태어난 것이 아니라 경험을 통해 학습된 것
들이다. 수식어의 차이를 살펴보면 'intuition'과 'instinct'
의 차이가 명확해질 것이다.

여기서 아까 나온 연습문제의 XXX와 YYY 중 어느 쪽에
해당되는지 생각해보자. 단박에 알 수 있지 않을까 싶다.

'본능'은 'instinct', '직감'은 'intuition'이라는 '공식'만을
외어버리면 문맥이 약간 바뀌거나 일본어에 이 두 단어
가 사용되어있지 않으면 더는 'intuition, instinct'를 사용
할 수 없게 되어버린다. 하지만 공기 관계에서 양자가 가
진 본래의 의미적 차이를 발견하면 이 두 단어를 사용할
수 있는 폭은 훨씬 광범위해지기 때문에 다양한 상황에
서 유연하게 사용할 수 있게 된다.

유의어를 통해 의미를 생각한다

'intuition, instinct'처럼 비슷한 의미를 지닌 유의어는

intuition

reasoning intellect instinct imagination insight per

cognition consciousness conscience inspiration crea

knowledge assumption conception thought feeling

intention morality passion notion

sensibility **perception** motive
thought
morality **wisdom instinct** notion
insight intellect
imagination logic
inference **emotion**
reasoning creativity
sensation feeling
assumption **understanding**
awareness
curiosity

intuition의 | Similar words |

instinct noun *switch to instinct (adjective)*

impulse emotion intuition passion desire intellect

habit ambition motive intention inclination attitude

thought behaviour enthusiasm consciousness talent

behavior spirit

attitude **urge** intention
wisdom
intellect tendency
spirit **trait**
desire passion taste
talent
emotion motive
sense habit belief
impulse **feeling**
sentiment curiosity
intuition
ambition **perception**
awareness

instinct의 | Similar words |

다수 존재한다. 유의어를 하나씩 탐색해가다 보면 인간
의 지식, 사고, 인식, 개념 등을 나타내는 추상명사의 어
휘가 확장되는 동시에 추상명사의 스키마를 얻을 수 있
는 절호의 기회가 될 것이다. 스켈의 | Similar words | 기
능을 사용해 'intuition'과 'instinct'을 각각 검색해본 결과
를 이하에 소개하겠다.

언뜻 보면 'intuition'은 'wisdom, intellect, reasoning' 등 지식, 사고에 관한 명사와 관련성이 깊고 'instinct'는 'impulse, desire, emotion, passion, feeling' 등 감정에 이어지는 명사, 특히 열정적인 감정과의 연관성이 강하다. 냉철한 계통의 단어로 이어지는 'intuition', 열정적인 계통으로 이어지는 'instinct'라고 구분할 수 있을 듯하다.

간단한 코퍼스로 미진하다는 느낌이 들 때는

스켈은 등록할 필요도 없고 간단히 사용할 수 있어서 편리하다. 반면에 예문으로 나와 있는 문장이 짧고 전후 문맥도 나와 있지 않기 때문에 의미가 상당히 비슷한 유의어의 차이점을 상세히 탐색하기 위해서는 충분치 않을지도 모른다. 'embarrassed'와 'shy'처럼, 영어 내부적으로 매우 거리가 먼 (애당초 구문도 다르다) 단어끼리의 차이는 잘 알 수 있지만, 'embarrassed'와 'ashamed'처럼 구문이 비슷하고 공기어도 유사해서 영어 내부적으로 비슷한 단어끼리의 의미적 차이까지는 스켈을 통해 발견하기 어려울 것이다.

유료이긴 하지만 스케치엔진Sketch Engine이라는 스켈의 풀 버전이 있다. 스켈보다 강력하므로 그럴 경우엔 스케치엔진을 사용해볼 것을 권한다. 스켈 기능 메뉴에서 Examples Word sketch Similar words 와 나란히 이어져 있는 More features 라는 항목이 있는데 이것을 클릭하면 스케치엔진으로 전환된다. 스케치엔진에서는 각각의 예문을 클릭하면 단락paragraph 전체를 볼 수 있기 때문에 검색 단어가 사용된 문맥을 이해하기 쉽다.

개인적으로 스케치엔진에서 가장 편리한 기능은 Word Sketch Difference 라는 항목이다. 스켈에서 두 단어를 비교할 때는 윈도우를 따로따로 펼쳐서 왔다 갔다 해야 하는데, 스케치엔진의 Word Sketch Difference 를 활용해 두 단어를 입력하면 두 단어 중 한쪽의 공기 패턴, 양쪽 모두에 존재하는 공기 패턴을 일람할 수 있다. 이 책의 '탐구 실천편'【탐구 1, 5】에서 스케치엔진의 Word Sketch Difference 기능을 사용한 단어의 탐색 예를 소개하고 있다.

아울러 또 하나 권하고 싶은 것은 코카(Corpus of Contemporary American English, COCA)라는 또 다른 코퍼스다. 이 코퍼스는 2020년 11월 시점에서 개인적으로 사용할 경우, 무료 접근이 가능하다(고등학교나 대학 수업 등에서

한 장소에서 일제히 복수의 단말로 접근할 경우에는 이용료를 내야 하므로 주의하시길 바란다).

이 코퍼스에서는 예문이 검색어를 중심으로 전후에 사용되는 단어에 의해 소트되어 표시되기 때문에 검색어 전후에 어떤 단어들이 오는지 살펴보기 쉽고 단락을 전체적으로 볼 수 있기에 상세한 문맥을 알 수 있다. 스켈에 비해 코카가 탁월한 점은 잡지, 소설, TV · 영화, 구어, 학술논문 등 폭넓은 장르의 텍스트가 수집되어있어서 특정 장르에 치우치는 측면이 없다는 점, 나아가 그중에서 특정 장르의 코퍼스를 선택할 수 있다는 점이다. 예를 들어 대학의 과제 리포트나 학술논문을 쓸 때 ACAD (academic)를 고르면 학술적인 문맥의 텍스트만 모여진 코퍼스를 사용해 단어 검색이 가능해서 안심할 수 있다 (까닥 잘못해서 학문적인 자리에 어울리지 않는 속어류 단어를 사용해버릴 사태를 면할 수 있다).

다음 장에서는 코카와 워드넷이라는 두 가지 툴을 사용해 스키마 탐색의 상급편을 소개해갈 예정이다. 상급편이라고 해서 위축될 필요는 없다. 막상 닥쳐보면 걱정만 하고 있을 때보다 훨씬 수월한 법이다. 하지만 현재의 자신에게는 약간 버겁다거나 불필요하다고 생각하면 이

부분은 과감히 건너뛰어도 전혀 상관이 없다.

6장
코퍼스에 의한 영어
스키마 탐색법 상급편

이번 장에서는 거의 동의어에 가까운 단어 중에서 문맥에 적합한 뉘앙스를 가진 단어를 고르는 방법과 5장에서 소개한 유의어보다도 좀 더 광범위한 어휘 전체를 범위로 단어끼리의 연결 네트워크를 조사하는 방법에 대해 언급할 예정이다.

단어가 사용되는 장르를 조사한다

3장에서 말을 사용하기 위해 필요한 '빙산의 수면 아래에 있는 지식'에 대해 언급했다. 그중에서도 자연스럽게 영어를 표현해내고자 할 때 의외로 맹점이 되는 부분이 바로 문맥 정보다.

개인적인 내용이어서 송구스럽지만, 나의 전공과 가장 가까운 분야는 '아이의 말과 개념의 발달과정'이기 때문에 '아이'라는 단어는 가장 빈번히 사용하는 말이다. '아이'에 해당하는 영단어에는 'child, kid, baby, infant' 등이 있다. 유아나 갓난아이에 대한 일반적인 이야기를 할 때와 학술논문을 쓸 때, 각각 어떤 단어를 써야 할지 난감한 경우가 있다. 어떤 문맥에서는 단어가 지나치게 딱딱하거나, 반대로 지나치게 허물없어 보이는 경우가 있는

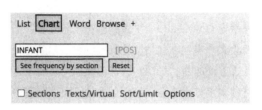

코카의 검색 화면

데 이것은 모어 화자의 감각적인 느낌인 만큼 비모어 화자에게는 도무지 이해하기 어려운 영역이다.

어떤 장르에서 그 단어가 사용되고 있는지를 조사하고 싶을 때가 있다. 이때 유용한 것이 바로 코카Corpus of Contemporary American English다. 코카는 ① TV · 영화, ② 인터넷 블로그, ③ 웹페이지, ④ 구어, ⑤ 소설, ⑥ 잡지, ⑦ 신문, ⑧ 학술적 논문 · 리포트 등 여덟 가지 분야에서 특정 분야에 치우치지 않게 텍스트(문장)를 추출한 10억 단어 이상으로 구성된 거대 코퍼스다.

코카에서는 타깃 단어의 전체적인 빈도만이 아니라 여덟 가지 장르의 상대적인 빈도를 차트로 볼 수 있다.

코카 사이트의 홈페이지로 가서 SEARCH 탭을 선택

한 뒤 검색하고 싶은 단어를 검색창에 친다. 이때 해당 단어에 복수로 존재하는 어형(명사라면 단수형과 복수형, 동사라면 인칭·수·시제에 따른 활용형)을 모조리 검색할 경우 모두 대문자로, 특정 어형만을 검색할 경우 소문자로 입력해야 한다는 것에 주의하자. 예를 들어 'infant'와 'infants'의 용례를 모조리 검색하기 위해서는 'INFANT'를 친다(소문자로 입력하면 해당 단어의 특정 어형만 검색한다). 그런 다음 | Chart |를 선택해서 엔터키를 누른다. 그러면 해당 단어의 장르별 빈도 차트를 볼 수 있다.

KID

SECTION	ALL	BLOG	WEB	TV/M	SPOK	FIC	MAG	NEWS	ACAD
FREQ	380403	47152	35787	99005	62123	42738	46850	41552	5196
WORDS (M)	993	128.6	124.3	128.1	126.1	118.3	126.1	121.7	119.8
PER MIL	383.08	366.62	288.02	773.03	492.51	361.20	371.56	341.31	43.38
SEE ALL SUB-SECTIONS AT ONCE									

CHILD

SECTION	ALL	BLOG	WEB	TV/M	SPOK	FIC	MAG	NEWS	ACAD
FREQ	685698	73531	83653	41997	90274	69241	94506	91037	141459
WORDS (M)	993	128.6	124.3	128.1	126.1	118.3	126.1	121.7	119.8
PER MIL	690.52	571.72	673.24	327.91	715.69	585.19	749.51	747.79	1,180.89
SEE ALL SUB-SECTIONS AT ONCE									

코카의 차트: KID vs. CHILD

차트 표시는 장르가 옆으로 나란히 있는 것과 세로로 나란히 있는 것, 이렇게 두 종류가 있다. 여기서는 옆으로 나란히 있는 쪽을 게재했다.

이 차트에서는 상대적인 빈도 분포 차이를 파악하는 것이 중요한데, 일단 숫자의 설명도 해두도록 하자. FREQ는 코퍼스 전체 중에서의 빈도, WORDS(M)는 코퍼스 전체의 단어수(M은 100만 단어가 단위임을 나타낸다), PER MIL은 100만 단어마다 나온 빈도다. 아울러 코퍼스는 계속 갱신되고 있기에 독자가 동일한 단어를 조사해도 이

BABY

SECTION	ALL	BLOG	WEB	TV/M	SPOK	FIC	MAG	NEWS	ACAD
FREQ	380403	47152	35787	99005	62123	42738	46850	41552	5196
WORDS (M)	993	128.6	124.3	128.1	126.1	118.3	126.1	121.7	119.8
PER MIL	383.08	366.62	288.02	773.03	492.51	361.20	371.56	341.31	43.38
SEE ALL SUB-SECTIONS AT ONCE									

INFANT

SECTION	ALL	BLOG	WEB	TV/M	SPOK	FIC	MAG	NEWS	ACAD
FREQ	685698	73531	83653	41997	90274	69241	94506	91037	141459
WORDS (M)	993	128.6	124.3	128.1	126.1	118.3	126.1	121.7	119.8
PER MIL	690.52	571.72	673.24	327.91	715.69	585.19	749.51	747.79	1,180.89
SEE ALL SUB-SECTIONS AT ONCE									

코카의 차트: BABY vs. INFANT

숫자 자체는 바뀌어져 있을 가능성이 농후하다. 중요한 것은 절대적 숫자가 아니라 어디까지나 상대적 관계다.

'kid'와 'child', 'baby'와 'infant'의 차이는 일목요연하다. 'kid'와 'baby'는 TV · 영화에서 사용되는 경우가 유독 많고 그다음으로 많은 것은 구어나 소설이다. 한편 'child'와 'infant'는 학술 장르가 상대적 빈도가 가장 높고 그다음으로 높은 것은 잡지다. 이런 경향을 살펴보면 학술논문에서는 'baby'보다 'infant', 'kid'보다 'child'를 사용하는

ASK

SECTION	ALL	BLOG	WEB	TV/M	SPOK	FIC	MAG	NEWS	ACAD
FREQ	676739	72490	73978	97852	103139	149855	69284	66311	43830
WORDS (M)	993	128.6	124.3	128.1	126.1	118.3	126.1	121.7	119.8
PER MIL	681.49	563.63	595.38	764.02	817.68	1,266.50	549.48	544.68	365.89
SEE ALL SUB-SECTIONS AT ONCE									

INQUIRE

SECTION	ALL	BLOG	WEB	TV/M	SPOK	FIC	MAG	NEWS	ACAD
FREQ	6084	597	1088	251	237	1626	762	543	980
WORDS (M)	993	128.6	124.3	128.1	126.1	118.3	126.1	121.7	119.8
PER MIL	6.13	4.64	8.76	1.96	1.88	13.74	6.04	4.46	8.18
SEE ALL SUB-SECTIONS AT ONCE									

코카의 차트: ASK vs. INQUIRE

편이 무난하다고 말할 수 있을 듯하다.

이번엔 'ask'와 'inquire'가 어떻게 다른지를 조사해보자. 양쪽 모두 일본어에서는 '묻다'라는 단어에 대응한다. 이 두 단어는 어떻게 구분해서 사용해야 할까?

앞에서와 마찬가지로 | Chart | 기능에서 'ask', 'inquire'가 각각 어떤 장르에서 주로 사용되고 있는지 대략적으로 훑어보자.

'ask' 쪽이 빈도는 압도적으로 높다. 'ask'와 'inquire' 모두 소설에서의 빈도가 가장 높지만 남은 일곱 가지 장르 간의 분포 방식은 상당히 다르다. 소설 다음으로 'ask'의 경우 TV · 영화와 구어에서 상대 빈도가 가장 높았고 학술 분야에서 상대 빈도가 가장 낮았다. 한편 'inquire'는 웹과 학술 분야에서 상대 빈도가 가장 높았고 TV · 영화와 구어 장르에서 가장 낮았다. 요컨대 이 두 가지 동사는 자주 사용되는 장르가 정반대다.

공기하는 단어를 조사한다

장르 다음으로 공기어共起語를 통해 'ask'와 'inquire'를 비교해보자. 가장 상위 메뉴에서 | SEARCH |를 클릭

하고 그 아래에 있는 List Chart Word Browse Collocates Compare KWIC 의 메뉴 중 Collocates 를 선택해(선택지로 표시되어있지 않으면 '+' 기호를 클릭하면 나온다), 검색창에 타깃 단어를 친다. 코카에서는 문장 안에서 타깃 검색어를 중심으로 전후 제각각 몇 가지 단어까지의 범위에서 공기를 살펴보거나, 혹은 특정 품사(예를 들어 명사만이라든가 부사로 한정한다든가)의 공기를 살펴보는 등 목적에 따라 세밀한 지정이 가능한데, 일단 디폴트로 설정하면 된다. 코카의 창 두 가지를 펼쳐서 한쪽에서는 'ask', 또 한쪽에는 'inquire'를 검색어로 넣어 비교해본다.

명사, 형용사, 동사, 부사 별로 공기 빈도가 높은 순으로 표시된다(공기어는 NEW WORD라고 표시되어있다). 타깃 단어가 동사일 경우 명사와 부사가 유용한 자료일 경우가 많다. 디폴트 상태에서는 빈도(가장 왼쪽 열의 수치)가 높은 것부터 순서대로 나열되어있다. 빈도 옆에 나온 것은 'Mutual Information'이라고 불리는 수치로, 검색어와 공기어(NEW WORD라고 되어있는 단어)가 코퍼스 안에서 독립적으로 발생할 확률을 베이스로 했을 때 함께 (공기해서) 발생할 확률을 계산한 것이다.

명사의 열을 살펴 내려가다 보면 'ask'와 'inquire'에서는 각각 공기하는 명사가 상당히 다르다는 사실을 금방 파악할 수 있다. 짙은 청색에서 옅은 청색, 백색까지의 색깔로 분류되어있다. 색깔이 진할수록 타깃 검색어와의 공기 정도가 강하다. 그러나 색깔의 농담濃淡은 절대적인 빈도로 결정되는 것이 아니라 타깃 단어의 빈도를 감안한 상대적인 것이다. 'ask'에서는 'question'이 단연 으뜸이어서, 'ask'와 'question'의 결합이 매우 농밀하다는 사실을 알 수 있다. 한편 'inquire'의 공기 명사는 'nature' 'status'가 상위를 차지하며, 공기 명사를 아래까지 쭉 살

COLLOCATES ⟨ ASK ⟩ ⟨ VERB ⟩

+ NOUN		NEW WORD	?
66208	4.27	question	
2195	3.54	permission	
1574	3.21	respondent	
1396	6.21	john	
1229	2.99	obama	
1178	3.28	us	
1159	4.00	forgiveness	
901	3.03	bush	
853	8.78	clinton	

ask와 공기하는 명사(코카의 Collocates 기능을 사용)

펴봐도 좀처럼 'question'은 발견되지 않다. 이 점을 통해 'inquire'는 뭔가 막연한 것을 묻는 것이 아니라, 성질이나 상황 등 구체적인 내용에 대해 물을 때 쓸 수 있는 단어로 파악해볼 수 있다.

공기하는 부사는 양쪽 모두 'politely'가 으뜸으로 열거되어있으며, 다른 부사를 봐도 'inquire'와 'ask'의 차이를 드러내는 힌트는 되지 않을 것 같다.

단어가 사용되는 구문을 조사한다

타깃 동사를 사용해 문장을 만들 경우, '구문'이나 '함께 사용되는 전치사'를 체크하는 것이 중요하다. 예를 들어 'ask'는 'ask you about'처럼 사람이 목적어가 되는 구문과 'ask a question'처럼 물음이 목적어가 되는 구문 양쪽 모두가 가능한데, 'inquire'는 사람을 목적어로 삼을 수 없다. 이 점을 알고 있으면 사람을 목적어로 삼아버릴 오류는 피할 수 있지만, 문장을 만들기 위해서는 그것만으로 충분하지 않을지도 모른다.

그럴 때 편리한 것이 Clusters 기능이다. Collocates 의 출력화면을 보면 품사별 공기어 리스트 위에 Collocates

Clusters Topics Dictionary KWIC 라고 적힌 메뉴가 있다. Clusters 를 고르면 타깃어+1단어, 1단어+타깃어, 타깃어+2단어, 2단어+타깃어처럼 타깃 앞, 혹은 뒤에 나타날 빈도가 높은 단어 클러스터가 제시된다. 각각의 패턴(예를 들어 inquire how)을 클릭하면 해당 패턴의 용례를 살펴볼 수 있다.

'ask'를 살펴보면 'ask questions, ask how, ask why' 등의 패턴이 정리되어 하나의 열에 나오는데, 다른 열에는 'ask you a question, ask me to come'처럼 사람이 목적어로 나오는 패턴 이외에 'ask that you remain'처럼 'that 절'이 오는 패턴도 있음을 알 수 있다.

한편 'inquire'를 보면 'inquire about, inquire into'의 패턴이 눈에 띄지만, 'inquire me to, inquire that'의 패턴은 찾아볼 수 없다. 'ask'와 'inquire'는 구문도 크게 달라서 'ask'의 구문을 'inquire'에 적용할 수 없다는 사실을 알 수 있다.

외국어 학습자는 **자신의 모어로 번역했을 때 의미가 비슷하면 구문도 비슷할 거라고 지레짐작해버린 후 잘못된 유추에 따라 사용 가능한 구문에서 오류를 범하는** 경우가 많다. 예를 들어 'give'도 사람과 사물을 목적어로 하는 SVOO의 구문과 'give it to me'처럼 사물만을 목적어로 하는 SVO의 구문이 양쪽 모두 가능한데, 의미가 비슷한(비슷하다고 일본인 화자에게는 생각되는) 'donate, provide'에 'give'의 유추로 SVOO 구문을 사용해버리면 잘못된 표현이 된다. 그것을 체크하기 위해선 바로 이 Clusters 기능이 매우 편리하다.

거대한 어휘 네트워크를 만든다

이상과 같이 영어를 자유자재로 표현해내기 위해 필요한 스키마, 즉 '빙산의 수면 아래의 지식'을 배양시키기 위해 예문이나 공기 패턴을 통해 타깃 단어가 사용되는 구문을 탐색하는 방법, 아울러 공기어나 장르별 빈도 분포를 통해 타깃 단어의 의미를 깊이 있게 이해하는 방법에 대해 살펴보았다. 또한 유의어와 비교해보면 의미를 이해하는 데 매우 도움이 된다는 사실도 언급했다. 유의어에 대해서는 일본어 감각에서 '비슷하다'라고 생각되는 것이 중요한 것이 아니라 영어적인 측면이 중요했다. 구문과 공기어 패턴을 통해 영어적인 '유의어'를 발견해내야 한다는 사실, 그것을 위해서는 스켈의 Similar words 기능을 사용하면 좋다는 점도 설명했다.

하지만 Similar words 나 시소러스를 통해 얻어진 유의어는 어디까지나 해당 단어에서 봤을 때의 국지적 네트워크다.

이번엔 조금 더 영역을 넓혀 어휘를 파악해보자. 어휘란 단순히 단어들을 모조리 끌어모은 것이 아니라, 다층적인 네트워크 안에서 단어끼리 상호 유기적으로 연관되는 시스템을 말한다. 방대한 어휘 네트워크를 거시적으로 파악하는 것 역시, 영어에 존재하는 독특한 스키마를 발견하는 데 도움을 준다.

영어 어휘 네트워크를 발견하려면 어떻게 해야 할까. 나는 타깃 단어를 설정해서 그것을 기점으로 부분적인 네트워크를 만들고 그것을 폭넓게 확장해가는 방법을 권한다(실은 그 방법밖에 없다고 생각한다). 이것에 적합한 것이 워드넷이라는 온라인 툴이다.

영어 스키마를 탐색해 영어적 세계관을 파헤쳐가는 과정을 만끽하고 싶은 독자들에게 매우 유용한 온라인 툴이다. 언어를 좋아하는 '언어 마니아'에게는 더할 나위 없는 놀잇감이 될 것이다. 단, 보고서 마감 기일이 촉박한 사람에게 당장 도움을 줄 수 있는 대상은 아니다. 따라서 어휘의 깊이보다 일단 빨리 폭을 넓혀 자기 생각을 표현해내기 위해 당장 활용 가능한 어휘를 시급히 만들어야 한다고 생각하는 독자는 이 이후에 나오는 부분을 건너뛰고 바로 다음 장으로 넘어가도 무방하다. 이제부터 나올 내용은 훗날 본인이 필요하다고 느껴졌을 때, 그럴 마음이 생겼을 때 읽어주어도 좋다.

관련어를 탐색하는 툴

워드넷은 프린스턴 대학 팀이 작성한 어휘 분석 툴이다. 이 툴은 어떤 단어를 타깃으로 해서 해당 단어와 관련성 있는 단어를 망라하는 형태로 제시된다. 여태까지 소개해왔던 코퍼스는 공기 관계를 통해 기계적으로 유의어를 표시하는 방식이지만 워드넷은 언어학자, 철학자, 심리학자가 사람의 힘으로 만들고 있다. 그런 의미에서 AI의 자동작업이 아니라 인간의 예지에 따라 방대한 시간과 노력을 들여 만들어진 툴이다. 언어와 연관된 연구자들은 모두 그 혜택을 입고 있지만, 학습자들에게도 고맙기 그지없는 온라인 툴이다. 무료로 사용할 수 있어서 이것을 사용하지 않을 수 없다.

이 툴은 코퍼스라기보다는 영영사전에 가깝다. 때문에 여태까지 소개해왔던 코퍼스와는 상당히 성격이 다르다. 타깃 단어를 검색창에 입력하면 사전처럼 수많은 뜻이 나온다. 'walk'처럼 동사와 명사 양쪽 모두에서 사용되는 단어는 품사별로 항목이 만들어져 있고 그 아래 의미 리스트가 나온다. 나아가 각각의 뜻에 대해 네트워크가 제시된다. 워드넷이 보여주는 '관계'는 품사에 따라 다르지만 타깃 단어를 기점으로 상위 개념, 하위 개념을 보여주는 부분이 특징적이다.

일단 한번 사용해보자. 검색 엔진에서 'wordnet'이라고 입력하고, 검색 결과 중에서 'Wordnet| A Lexical Database for English'라는 페이지를 선택하면, 워드넷의 홈페이지로 간다. 홈페이지 메뉴 중에서 Use WordNet Online 을 선택하면 검색창이 나온다. 여기에 조사하고 싶은 단어를 입력한다.

이전 장에서 'intuition'과 'instinct'라는 두 단어를 스켈에서 검색해보았는데, 이 두 단어를 워드넷에서도 검색해보자. 무엇을 알 수 있을까.

'intuition'을 검색어로 하면 다음 그림과 같은 결과가 출력된다. 명사임을 나타내는 'Noun'이 표시되고 두 가

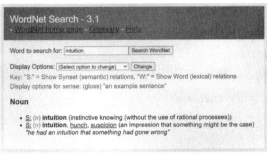

워드넷에서 intuition을 검색한 결과

지 뜻이 제시된다. 첫 번째가 'instinctive knowing(with-out the use of rational processes)', 두 번째가 'hunch, suspi-cion(an impression that something might be the case)'이라는 의미다.

맨 처음에 나오는 뜻 첫머리에 있는 청색 글자 S (유의어 집합synset의 약자)를 클릭하면 그 뜻의 하위어·상위어·자매어 등으로 갈 수 있는 링크가 나타난다.

- S: (n) intuition (instinctive knowing [without the use of rational processes])
  ○ *direct hyponym/full hyponym*
  ○ *direct hypernym/inherited hypernym/sister term*
  ○ *derivationally related form*

이런 방식으로 전개된다. 'hyponym'은 '하위어'라는 의미로 direct hyponym 을 클릭하면 바로 아래 계층이, full hyponym 을 클릭하면 그보다 더 아래 제시된다.

'hypernym'은 하위어와 반대로 '상위어'다. direct hypernym 을 클릭하면 바로 위의 상위어가 제시되고, '자매어'를 의미하는 sister term 을 클릭하면 개념의 계층 구조 가운데 동일한 계층에 있으면서 타깃 단어와 대비되는 단어를 볼 수 있다.

재미있는 것은 inherited hypernym (계승 상위어)이다. 이것을 선택하면 검색어 바로 위의 계층에서부터 개념의 가장 상위까지의 계층을 일람할 수 있다. 표시의 아래로 갈수록 상위 개념이다. 계층구조의 골격만을 이하에서 인용해보자.

intuition
  basic cognitive process
    process, cognitive process, mental process, operation, cognitive operation
    cognition, knowledge, noesis
      psychological feature

abstraction, abstract entity

    entity

'intuition'의 바로 상위 계층(표시에서는 바로 아래)은 'basic cognitive process'라고 나와 있으며 인용에서는 생략 했지만, 'cognitive processes involved in obtaining and storing knowledge'라고 설명되고 있다. 그 두 단계 상위 계층에는 'cognition, knowledge, noesis'라고 되어있다. 'noesis'는 보통은 거의 사용되지 않는 단어로 나도 처음 본 단어다. 워드넷에는 이런 매우 한정적인maniac 단어 가 무차별적으로 나오기 때문에 당황스러울 것으로 생각 되는데, 특별한 흥미가 없으면 이런 단어는 무시해도 무 방하다. 더더욱 상위 계층을 살피다 보면 'psychological feature', 하나 더 위에 'abstraction, abstract entity', 가장 마지막이 'entity'다.

마찬가지로 'instinct'의 계승 상위어도 살펴보자.

    instinct

     aptitude

      ability, power

cognition, knowledge, noesis

  psychological feature

   abstraction, abstract entity

    entity

intuition의 직접적인 상위어는 'basic cognitive process'였지만, 'instinct'에서는 'aptitude'가 직접적인 상위어이며, 그 위에 'ability, power'가 등장하고 있다. 그보다 상위 계층이 'cognition, knowledge, noesis'가 되면서 'instinct'와 합류한다. 영어권(혹은 영어가 속하는 서양)의 문화·철학에서는 'intuition'이 인지의 과정, 'instinct'가 능력이라고 간주되고 있다는 사실을 발견할 수 있어서 무척 흥미롭다.

이처럼 워드넷에서는 타깃이 된 단어를 기점으로 스켈이나 사전의 시소러스에서는 엿볼 수 없었던 대국적인 스케일로 영어적 개념의 정리 방식을 엿볼 수 있다.

명사의 계층구조를 통해 문화 스키마에 접근한다

워드넷에서는 모든 명사가 상위 개념으로 거슬러 올라

가다 보면 'entity'에 도달한다. 동물이나 식물 등의 생물, 자동차 같은 인공물이나 'intuition'이나 'love' 같은 추상 개념 역시, 결국엔 'entity'로 끝난다. 나로서는 'entity'를 어떻게 번역해야 좋을지, 딱 떨어지는 일본어 단어가 도저히 떠오르지 않는다. '실체'라든가 '존재'에 가까울지도 모르지만, 완전히 똑같은 의미는 아닐 거라고 생각한다.

구체적으로 존재하는 대상(고양이, 사과, 자동차 등)을 가리키는 명사는 'entity'의 아래에 'physical entity'가 오고 그 아래 'object, physical object'의 계층이 존재한다. 나아가 그 아래 계층에서 'living thing/animate thing'(생물)으로 분기한다. 물처럼 형태를 지니지 않는 대상(물질)은 'physical entity'의 하위 계층이며, 'object'에 대립해서 'matter'로 분기하며, 나아가 그 하위 계층에서 'substance'로 분류된다.

영어에서는 실제로 손을 댈 수 있는 것만 아니라 추상적인 개념도 모두 'entity'이며 거기에서 'physical'과 'abstract'로 구분된다. 'physical'의 경우에는 또다시 'object'인지 'substance'인지로 구별된다. 생물인지 인공물인지, 동물인지 식물인지는 그보다 하위 계층에서의 분류다.

영어가 배경이 되는 문화에서 'object'(전체로서 수를 셀 수 있는 물체)인지 'substance'(그 자체로서는 셀 수 있는 단위가 될 수 없는 물질)인지는 개념의 계통수系統樹를 만드는 데 있어서 생물인지 아닌지보다 상위에서 가지가 갈라지고 있다. 때문에 영어에서 가산·불가산명사를 구별하는 문법은 세계를 정리·분류하기 위한 근간이 되고 있을 것이다. 다양한 명사의 상위어hypernym를 살펴 내려가면 영어를 쓰는 사람들이 세계를 어떻게 바라보고 있는지 어렴풋이 보이기 시작한다는 느낌이 든다.

반대로 하위어hyponym를 보면 검색어를 기점으로 하위 개념의 명사를 일람할 수 있다. 예를 들어 고양이cat의 최초의 뜻(true cat)에서부터 더듬어 내려가면, 반려묘 domestic cat와 야생 고양이wild cat로 나뉘고, 반려묘 아래에는 샴 고양이, 페르시아고양이 등 특정 혈통의 명칭 이외에 야옹이kitty-cat(유아어)나 길고양이alley cat 등, 고양이와 관련된 다양한 하위 개념을 일람할 수 있다.

나는 한가할 때마다 내가 좋아하는 동물(고양이라든가)이나 식물(장미라든가)의 상위어, 하위어를 검색하면서 혼자 놀고 있다. 워드넷에서 명사를 조사해보면, 서양 문화에서 개념이 이런 식으로 계층적으로 정리되고 있다는 사실이 조금씩 보이기 시작해 더할 나위 없이 즐겁고, 장미나 고양이 종류의 이름도 많이 외워져서 무척 기쁘다. 독자분들도 부디 자신이 좋아하는 특정 대상의 이름을 이런 식으로 검색해보길 바란다. '빙산의 수면 아래 지식'에는 포함시킬 수 없었지만, 문화의 배경 역시 언어를 이해하고 숙달하는데 소중한 스키마 중 하나다.

동사의 어휘 네트워크

이번엔 워드넷이 동사 개념을 어떻게 정리하고 있는지 살펴보자. 우선 'walk'를 검색해보면 명사Noun와 동사Verb 각각에 의미하는 바가 목록화되어 있어서 극히 간단히 적힌 뜻과 대표적인 예문을 일람할 수 있다.

동사의 맨 처음에 나와 있는 기본적인 뜻 'use one's feet to advance; advance by steps'의 관련어를 살펴보자. 그것을 살펴보려면 뜻의 왼쪽 끝에 있는 청색 글자 S 를 클릭한다. 그러면 아래와 같이 다양한 관련어로 갈 수 있는 링크가 나온다. 명사와 공통 용어도 있고, 동사에 고유한 용어도 있다. 이 중에 상위어, 자매어sister term, 양태어troponym를 살펴보자(다른 관련어도 직접 탐색하면 된다).

- S : (v) walk (use one's feet to advance; advance by steps)

  "Walk, don't run!"; "We walked instead of driving"; "She walks with a slight limp"; "The patient cannot walk yet"; "Walk over to the cabinet"

  - *direct troponym/full troponym*
  - *verb group*
  - *direct hypernym/inherited hypernym/sister term*
  - *entailment*
  - *phrasal verb*
  - *antonym*
  - *derivationally related form*
  - *sentence frame*

‘walk’의 direct hypernym (직접 상위어)를 클릭하면 ‘travel, go, move, locomote’라는 동사가 제시되어있기 때문에, ‘walk’는 사람이나 어떤 대상의 이동을 나타내는 개념에 포함되어있음을 알 수 있다.

자매어는 해당 단어와 비슷한 정도의 추상성을 가지고 대비적으로 사용되는 단어다. ‘walk’에 대해서는 ‘carry, fly, ride, float, crawl, run’ 등이 제시되어있다.

양태어는 동사에만 사용되는 용어로 특정 동작의 방식(양태)을 나타내는 하위어에 해당된다. 'walk'의 full troponym 을 클릭하면 아주 많은 단어가 리스트에 나와 있어서 걷는 방식에 따라 다수의 동사가 구별되고 있음을 알 수 있다.

예를 들어 'march'(행진하다)는 규칙적인 걸음걸이로 빨리 걷는, 혹은 성큼성큼 걷는 모습을 나타낸다. 나아가 그 하위에 있는 'troop'이라는 동사는 무리를 지어 이동하거나 행진하는 모습을 나타낸다. 'march'는 혼자서도 가능하지만 'troop'은 여럿이 함께하는 것이다. 그 외에도 '불안정한 걸음걸이를 한다'라는 의미의 동사로 'toddle, coggle, totter, dodder, paddle, waddle' 등이 있어서 이렇게나 많았다는 사실에 새삼 놀라게 된다. 발걸음을 조절하지 못한 채 비틀거리며 걷는 것을 나타내는 동사도 'stagger, reel, keel, lurch, swag, careen' 등 여섯 가지나 나와 있었다. 이런 동사들은 4장에서 언급했던 것처럼 전치사와 조합되어 'The drunken man staggered into the room' 같은 구문에서 사용되는 경우가 많다.

상태가 의미에 포함되어있는 동사가 상당히 많은 것은 움직임을 나타내는 동사에 그치지 않는다. 시험 삼아

'laugh'를 타깃으로 검색해보자. 'laugh'에도 명사와 동사가 있다. 'walk'와 달리 동사 'laugh' 자체는 뜻이 많지 않아서 동사 아래에 '웃다'라는 의미밖에 없다. 그러나 (S 를 클릭하고 나서) troponym 을 클릭하면, 웃는 모습을 의미에 포함한 다수의 동사가 있다는 사실을 알게 된다. 조용히 웃거나(snicker, snigger), 키득거리며 다소 예민한 상태로 웃거나(giggle, titter), 큰소리로 뒤로 넘어갈 듯 웃어버리는(roar, howl) 경우도 있다. 실로 웃는 모습이 다채롭다고 할 수 있다.

이런 동사들은 그다지 빈도가 높지 않은 것이 많아서, 물론 전부 외우지 않아도 되고 모르는 단어가 계속 나와도 결코 위축될 필요가 없다. 그런데도 굳이 여기서 소개하는 까닭은 일본어에 없는 영어 고유의 패턴, 요컨대 모습을 동사의 의미에 집어넣은 후 이렇게 구분해서 사용하고 있다는 사실을 파악하기 위해서다. 이것은 4장에서도 언급했던 것처럼 영어 화자에게 자연스러운 영어문장을 만들려면 파악해두어야 할 매우 중요한 특징이다. 많이 나와 있는 단어들을 무리하게 기억하려고 시도할 필요는 없지만 양태어 패턴을 봐두면 영어 스키마 습득에 도움이 될 것이다.

다음으로 'wander'를 살펴보도록 하자. 이 동사에도 복수의 의미가 존재한다. 예를 들어 첫 번째 뜻은 'move about aimlessly or without any destination, often in search of food or employment'(확고한 목적이나 목적지 없이 정체 없이 사방을 돌아다닌다. 음식이나 일자리를 찾고 있을 때가 많다)라고 나와 있으며 'roll, swan, roam, stray, drift' 등이 유의어로 제시되어있다. 네 번째로는 'to move or cause to move in a sinuous, spiral, or circular course'(굽이치거나 회선하면서 움직이거나 그런 움직임을 일으키다)라는 뜻이 있으며 'weave, wind, thread, meander' 등의 유의어가 제시되어있다. 'The river winds through the hills; The path meanders through the vineyards' 같은 예문이 있어서 이는 아마도 강이나 길 등 무생물이 휘어 구부러지면서 계속 뻗어가고 있는 모습을 나타내는 단어군일 것으로 예상해볼 수 있다. 각각의 뜻의 경우에 따라 양태어나 상위어를 살필 수 있다.

여담이지만 'wander'의 유의어에 'swan'이라는 동사가 있다. 나는 백조swan에 동사가 있다는 사실도 몰랐으며 그것이 'wander'와 왜 관련성이 있는지 전혀 상상이 가지 않았다. 백조라는 것은 새의 왕에 비견될 정도로 위엄

이 있으므로 그것이 전용되어 '잘난 체하면서' '당당히'라는 뉘앙스에서 '여기저기를 정처 없이 이동한다'라는 뜻이 된 것 같다. 동사 'swan'에는 '왕처럼 당당하게 드넓은 하늘을 활공하다'라는 뜻도 있는 것 같다.

영어 스키마를 만들어가는 과정, 즉 외국어 중 하나인 영어의 본질과 특징을 배우면서도 이런 깨알 지식을 다양하게 얻을 수 있기에 워드넷 활용은 참으로 즐겁다.

툴을 현명하게 조합시키며 사용하자

앞 장과 이번 장에 걸쳐 타깃 단어를 적확하게 사용하기 위한 '빙산의 수면 아래 지식'을 배양할 방법으로 온라인에서 간편하게 사용할 수 있는 툴을 소개했다.

이런 툴 중 어느 것이 가장 훌륭하다고는 말할 수 없다. 목적과 사용할 수 있는 시간에 따라서도 결과가 달라질 것이다. 물론 모든 단어에 관해 코퍼스나 워드넷에서 조사할 필요는 없다. 우선은 사전을 활용하되 사전만으로는 해당 단어를 표현해내기 위해 충분한 이해를 얻을 수 없다고 생각했을 때 코퍼스 종류를 사용하면 된다. 스켈은 코카에 비해 코퍼스 사이즈도 작고 예문에 편중이 있지만, 대부분 것들은 스켈에서 원하는 바가 충족된다. 나는 간단한 조사에는 스켈을 사용하고 좀 더 깊이 파고 들 필요가 있을 때는 코카나 스케치엔진을 사용하고 있다. 코카에 있는 많은 기능을 구사하기 위해서는 시행착오를 거쳐 충분히 사용해볼 필요가 있다. 나는 이번 장에서 소개한 최소한의 것들만 기억하고 나머지는 디폴트 설정으로 검색하고 있다.

워드넷을 사용하면 단어 상호 간 관계를 거대한 네트워크 안에서 파악할 수 있지만, 유의어 관계에 있는 단어의 상세한 의미적 차이까지는 알 수 없다. 예를 들어 'wander'와 유의어인 'stray, ramble, drift, roam' 등의 의미적 차이를 조사하는 데는 적합하지 않다. 인터넷이 발달한 현재, 사전뿐만 아니라 인터넷에서 사용할 수 있는 툴을 현명하게 활용하여 스스로 어휘 네트워크를 탐색해 가며 영어 스키마를 익히도록 하자.

7장
많이 듣는다고 늘지 않는
듣기 실력

듣는 연습을 많이 하면 좋을까?

　학교에서 실시한 기존의 영어 학습은 리딩(독해)과 문법이 중심이었다. 그러나 듣기와 문법은 아무리 깊이 이해했다고 해도 어디까지나 정보의 수용이다. 요리가 숙달되어가는 과정에 비유해서 생각해보면 된다.

　시나리오① 지금까지 요리를 해본 적이 없었던 사람이 혼자 살게 되었다. 외식하고 싶은데 돈은 없으니 직접 싼 재료를 사서 만들 수밖에 없다. 요리를 가르쳐줄 사람이 가까이에 없다. 요리 레시피를 인터넷에서 검색해 매일 만들고 있다. 배가 가득 차면 맛에 대해 연연해하지 않기 때문에 여하튼 싸고 간단한 것을 만든다.

　시나리오② 미식가이기 때문에 맛있는 것, 진귀한 것을 먹고 싶다. 시간이 있는 한 유명 레스토랑에 자주 가려고 한다. 하지만 직접 요리를 할 생각은 없다. 직접 만들기보다는 일류 주방장이 만든 요리를 먹고 싶다.

　시나리오③ 맛있는 것을 매우 좋아하며 직접 요리하는 것도 매우 좋아한다. 다양한 요리법을 검색해서 맛있게 보이는 게 있으면 당장 만들어본다. 외식했을 때 맛이 있었다면 즉시 직접 흉내내본다.

위에 나온 시나리오 중 요리 실력이 가장 나아지는 것은 당연히 시나리오③일 것이다. 하지만 ①과 ② 중에서라면 과연 어느 쪽이 더 맛있어질까. ①일 것이다. 요컨대 아무리 인풋을 해도 직접 아웃풋 연습을 하지 않는 한 아웃풋이 가능해지지 않는다는 소리다.

영어 학습 역시 마찬가지다. 영어 문헌을 아무리 술술 읽어낼 실력이 되어도 쓰는 연습을 하지 않으면 쓸 수 있는 단계에 이르지 못한다. 영어는 정보를 얻기 위해서만 사용하기 때문에 영어로 표현해낼 필요가 없다고 말할 사람도 많을 것이다. 그런 경우라면 그래도 무방하다. 그러나 영어로 전달하고 싶은 것이 있고 세계에 발신하고 싶다는 마음이 있다면 표현해낼 수 있는 연습을 해야만 한다.

표현해낼 수 있는 영어 실력이 최근 온갖 곳에서 요구되고 있다. '읽기' '듣기' '말하기' '쓰기'의 네 가지 기능을 골고루 배양해야 한다고 학습지도 요령에도 명기되었다. 문부과학성은 대학입시에도 네 가지 기능 테스트를 포함시키려고 하고 있다.

영어 실력에 네 가지 요소가 필요하다는 사실에 대해 전혀 이견이 없다. 하지만 네 가지 기능을 골고루 신장시키기 위해 시작부터 네 가지 기능의 학습에 같은 시간을 투자하는 것은 학습의 인지과정이라는 관점에서 사실 비합리적이다.

어휘가 부족할 때는 모르는 단어가 많이 포함된 교재로 억지로 듣기 연습을 해도 의미가 없다. 의미를 이루지 않는 영어 음성이 그저 한 귀로 들어왔다가 한 귀로 나갈 뿐이다. 그렇다고 지나치게 간단하고 재미도 없는 내용을 가지고 중학교 1학년 레벨 단어를 사용해 부자연스럽게 천천히 녹음된 교재를 듣는다면, 설령 그것을 알아듣는다고 해도 비즈니스에는 그다지 도움이 되지 않을 것이다. 비즈니스 현장에서 그처럼 천천히, 내용이 얄팍한 대화를 주고받는 경우는 절대로 없을 것이기 때문이다.

자연스러운 스피드로 발화되고 알맹이도 갖춘 내용을 알아듣고 싶지만, 어휘가 부족해서 듣기가 불가능하다. 그런 경우가 빈번하다. 그럴 경우에는 어떻게 하면 좋을까. **듣기에 시간을 할애하기보다, 우선 어휘를 강화하면서 해당 분야의 기사나 논문을 읽고 해당 분야의 스키마를 익히는 데 시간을 투입하는 편이 낫다.** 어휘력이 풍부하고 스키마가 기능할 수 있는 토픽이라면, 그리고 실은 이 점이 중요한데 자신이 꼭 이해하고 싶다고 생각하는 내용이라면, 조금만 귀가 익숙해져도 영어가 자연스럽게 들리게 된다.

음을 듣고 구분할 수 있는 것은 가장 깊게 신체화된 스키마

여담이지만 이 점이 모어와 외국어 습득의 커다란 차이점이다. 모어의 경우 아이들은 언어를 귀를 통해 배운다. 모어에서 사용되는 음과 리듬을 우선 분석하고 문장을 단어별로 나눠가는 방식을 스스로 발견해 음의 덩어리로 단어를 기억 속에 축적해간다. 꺼낸 음의 덩어리(단어)에 대해 스스로 의미를 추론하고 단어의 의미를 기억해간다. 이런 과정이다.

하지만 성인이 되고 나서 외국어를 배울 경우, 흘러가는 음성 안에서 단어를 발견해가는 것은 쉽지 않은 일이다. 이것은 '음의 스키마', 특히 단어를 구성하는 음의 단위인 음소가 모어와 외국어에서 서로 다르기 때문이다.

유아는 모어의 특징적인 음률 패턴을 어머니 배 속에 있을 때부터 학습하기 시작한다. 모어로 단어를 구별하기 위해 필요한 음의 단위인 음소를 발견하는 것은 출생 이후이긴 하지만, 태어난 바로 그해에 해당한다.

실은 지구상의 모든 갓난아이는 태어난 지 얼마 되지 않아 모든 언어에서 구별되는 온갖 음을 모조리 구별할 수 있다(청각장애 등이 없는 한). 그런 상태에서 자기 모어의 음소를 탐색하고 음소의 레퍼토리를 만들어간다. 영어의 경우에 r, l은 서로 다른 음소이며 이 두 가지 음을 구별해서 들을 수 없다면 'race/lace, rice/lice' 등의 단어를 구별할 수 없다. 따라서 영어를 모어로 하는 아가들은 (애당초 구별할 수 있는) r, l의 구별을 갖추고 있으며 나아가 민감하게 주의를 기울여야 한다고 배운다. 그렇다면 일본의 아가들은 어떨까? 일본어에는 r, l의 구별이 없다. 모어에서 불필요한 음의 구별을 계속해서 하고 있노라면 정보처리 리소스(인지적 자원)가 한정되어있는지라 그만큼 여타 필요한 정보에 주의를 기울이기 힘들어진다. 요컨대 모어에서 요구되는 음의 구별은 남겨두면서 그 외의 음을 구별하는 불필요한 능력(음에 대한 주의)은 버려버리는 편이 모어를 학습하는 데 좀 더 유리하다. 때문에 아가들은 한 살무렵까지는 불필요한 음의 구별에 더 이상 주의를 기울이지 않게 된다. 모어에 필요한 음의 구별만 남겨두고 음소를 효율적으로 구별할 수 있도록 정보처리 시스템을 구축하기 위해서다. 그것이 바로 '음의 스키마'다.

때문에 성인 일본어 화자는 r과 l, b와 v 등, 일본어에는 없는 영어의 음소를 잘 구별해낼 수 없다. 자신이 자란 환경의 언어에서 단어를 만드는 단위가 되는 음소란, 아이가 만드는 최초의 스키마 중 하나라고 할 수 있을 것이다.

영어 단어 의미를 추론할 때 일본어 스키마가 방해한다고 지금까지 언급해왔는데, 음의 정보처리 역시 마찬가지다. 심지어 음의 스키마는 아이들의 언어 발달과정에서 가장 빨리, 단어의 의미에 대해 고려하기 이전에 몸으로 습득하는 대상이다. 그런 만큼 가장 깊숙이 신체화되어있어서 언어정보를 처리할 때 자동적으로, 전혀 의식되지 않은 채 사용되고 있는 대상이다. 때문에 r과 l의 예처럼, 영어에서는 음소로 구별되지만, 일본어에서는 음소가 아닌 음을 구분하는 것은 유아기가 지나가 버리면 힘들어진다.

외국어를 배울 때 첫 시간부터 음소를 듣고 구별하거나 발음 연습에서부터 시작하는 경우가 있다. 내가 중국어를 배우기 시작했을 때 중국어 단어를 전혀 모르는데 '권설음' 등, 일본어에 없는 음의 발음을 반복하는 수업이 이어져 넌더리가 난 적이 있었다. 이것은 실은 성인들에게는 가장 곤란한 일을 맨 처음에 해서 초장에 기선을 제압하려는 것이나 마찬가지다.

듣기에는 스키마가 필요하다

듣기는 읽기보다 훨씬 인지적인 부하가 높다. 읽기는 읽는 스피드를 스스로 조절할 수 있다. 읽는 도중 더는 의미를 쫓아갈 수 없게 되면 다시 처음으로 돌아와 차근차근 읽어갈 수도 있다. 하지만 듣기는 귀에 들려오는 음성의 속도를 스스로 조절할 수 없다. 그나마 살아있는 사람이 상대방이고 이야기를 걸 수 있는 대화 상황이라면 상대방이 이쪽 표정을 간파해서 필요에 따라 속도를 조절해준다거나 반복해주겠지만, 녹음된 매체를 통해 듣기를 해야 하는 상황이라면 매우 난도難度가 높아진다.

　사람들은 귀에 들려오는 정보를 전혀 아무 생각도 없이 수동적으로 받아들이지 않는다. 항상 스키마를 사용해 다음 전개를 예측하면서 듣는다. 그다음에 어떤 의미의 내용을 상대방이 말할지 예측하고 그것을 통해 단어도 예측한다. 1장에서 달마시안 지각에 대해 소개했다. 정체를 알 수 없는 화면 속 화상을 봤을 때, 거기에 무엇이 있는지 알게 되면 자신이 봐야 할 것이 눈에 떠오르기 시작한다는 현상이다. '들을' 때도 마찬가지다. 음소를 듣고 구별할 수 있는 분야에서 아무리 탁월한 능력을 지니고 있어도 어떤 내용의 말이 귀에 들어올지 예측할 수 없으면 알고 있는 말도 들리치 않는다. 아이들과 달리 성인들은 풍부한 개념과 이해력을 지니고 있다. 세세한 음을 구별해서 들을 수 없더라도 상대방이 말하고 있는 내용에 대한 스키마를 사용함으로써 대략 무슨 말을 하고 있는지 이해할 수 있고 그다음에 나타날 단어도 예측할 수 있다. 반대로 예측이 불가능하면 숙지하고 있던 단어라도 알아들을 수 없는 경우가 있다.

　나의 개인적 체험을 소개해보자. 때마침 우연히 비행기 안에서 스파이 영화 007시리즈의 〈스펙터Spectre〉

(2015)를 보고 이 영화에 푹 빠져버렸다. 등장인물이 이야 기하는 영어에 감동했기 때문이다. 대사 하나하나에 전혀 군더더기가 없이 한없이 짧고 표현이 명확했다. 그것이 정말 근사했다. 특히 본드 역할을 맡은 다니엘 크레이그Daniel Craig가 말하는 영어의 매력에 완전히 넋이 나가버렸다. 그래서 대사를 전부 알아듣고 싶다고 생각해 디브이디DVD를 사보았다. 주제가도 근사해서 몇 번이나 들었는데, 가사 중 'Could you ＿＿ my fall?'이라는 소절의 ＿＿라는 부분은 몇 번을 들어도 도무지 무슨 말인지 알 수 없었다. 일본어 자막에서는 '떨어지는 나를 지켜줄 거니?'라고 나와 있다. 그래서 인터넷에서 가사를 검색해 확인했더니 뜻밖에도 'break my fall'이었다.

나는 'break'라는 단어를 물론 잘 알고 있고(있다고 생각했고), 일상적으로도 자주 사용하고 있다. 그러나 '지켜주다'라는 자막의 일본어에 너무 연연한 나머지 이 문맥에서 설마 'break'라는 단어가 나올 거라고는 꿈에도 짐작하지 않았다. 'break'라는 동사를 굳이 일본어로 표현해본다면 '단절하다' '잘라내다'라는 의미가 강하기 때문에 '지켜주다'와 'break'는 정반대 의미라고 여겨졌다. 그야말로 달마시안 지각의 청각 버전이었다. 일단 한번 'break'라는 사실을 알게 되자 전혀 아무 문제 없이 'break'라고 들린다. 이 단어는 짧고 딱히 특히 일본어 화자가 알아듣기 어려운 단어도 아니다. 하지만 'break'를 전혀 예상할 수 없었을 당시에는 몇 번을 듣고 또 들어도 이 단어를 알아들을 수 없었다.

듣기 테스트 문제는 학습에 부적합

스키마를 상기하고 예측하기 위해 사람들은 귀를 통한 정보에만 의존하지 않는다. 이야기하는 사람의 표정이나 문맥 정보도 무척 중요하다. 때문에 그런 정보량이 상당히 많은 직접적인 대화는 가장 알아듣기 쉽다. 스토리가 예측 가능한 영화나 드라마도 이해하기 쉽다.

그런 관점에서 인지적으로 가장 허들이 높은 것이 대학입시나 토플TOEFL, 토익TOEIC 등 자격시험에 나오는 듣기 테스트 방식, 요컨대 시각 정보나 배경 정보 없이 녹음된 음성으로만 알아들어야 할 상황이다. 짧은 대화나 단락paragraph이 문맥 정보나 시각 정보 없이 한꺼번에 나오기 때문에 스키마를 상기하기 어렵다. 무슨 이야기일지 생각해보는 사이에 음성이 순식간에 흘러가 버리고,

예측이 따라잡지 못한 상태에서 결국 놓쳐버리고 만다.

시험 형태가 녹음된 영어를 듣는 형태이기 때문에 듣기 학습은 그런 참고서들에 딸린 시디CD를 듣고 공부하는 것이 좋을 거라고 생각하는 사람들이 많다. 하지만 그런 학습법은 학습의 인지 메커니즘 관점에서 봤을 때 매우 의문스럽다. 듣기는 스스로 페이스를 조절해 정보처리를 할 수 없기에 모르는 단어가 나와 정보처리가 멈춰버리면 그다음으로 나아가기 어려워진다.

토플 듣기 대책을 위한 서적을 사서 시험 삼아 모의 문제를 한번 들어보았다. 대화 내용은 대학 도서관에서 아르바이트를 모집하고 있고 거기에 응모하고 싶은 대학생과 도서관 스태프 간의 대화 내용이었다. 어느 정도 어휘력을 갖춘 수험생들이라면 스피드나 단어 난이도는 적절하다고 생각되었다. 하지만 미국에서 대학 생활을 경험한 적이 없는 학습자들이라면 배경지식이 그다지 없는 내용이라서 최선을 다해 들어도 행간을 미처 다 채울 수 없을 것이며 따라가기 어려울 수도 있겠다는 생각이 들었다. 정보처리가 불가능한 내용을 아무리 듣고 또 들어도 아무것도 남지 않는다. 요컨대 아무것도 배운 것 없이 그저 시간을 낭비하게 되는 것이다.

이렇게 말하면 아이들은 알고 있는 단어가 극단적으로 적고 개념에 대한 스키마도 빈약하지만 듣기 능력을 향상시키고 있지 않냐며 반론할 사람이 나올지도 모른다. 하지만 아이들 역시 아이들 나름대로 스키마를 가지고 있으며 그것을 활용해 예측하면서 어른들의 대화를 이해하고 있다. 애당초 성인들은 작은 아이들에게 말을 걸 때 발달 단계에 따라 이야기할 내용이나 말투를 조절한다. 아이들이 알지 못할 것 같은 개념 스키마가 필요한 내용이라면 성인들이 애당초 꺼내지도 않을 뿐더러 구문이나 표현도 아이들이 이해할 수 있도록 무의식적으로 조절하면서 이야기한다. 심지어 아이들은 표정이나 제스처, 손동작 등 음성 이외에도 풍부한 정보를 받아들인다. 음성 이외의 정보로부터 수많은 힌트를 얻으며 아이들은 어른들의 대화 내용을 이해하는 것이다. 실제로 갓난아이에게 발화된 내용을 관찰하면 해당 언어를 이해하지 못해도 성인이라면 이야기하고 있는 내용을 대략 상상할 수 있을 것이다.

귀에 익숙하게 만들기보다는 스키마

듣기 학습에 시간을 할애할 거라면 그것을 통해 무엇을 얻고 싶은지 먼저 진지하게 생각해볼 필요가 있다. 우선 귀에 익숙하게 만드는 것을 목적으로 삼을지, 아니면 내용을 대략 파악할 수 있는 것을 목표로 할지를 결정해야 한다.

애당초 '귀에 익숙하게 만들다'라는 것은 무엇을 목적으로, 무엇을 하는 것을 말할까. 같은 영어에서도 영국식 영어와 미국식 영어, 오스트레일리아식 영어, 인도식 영어에서 모음과 자음의 발음, 악센트(강세) 등에 큰 차이가 존재한다.

분명 귀에 익숙하지 않은 종류의 영어는 알아듣기 어려운 경우가 있다. 나의 경우 가장 귀에 익숙한 것은 유학 생활을 했던 시카고 근변의 미국식 표준영어다. 영국식 영어도 대부분 이해가 되지만 전혀 이해가 불가능했던 경험을 한 적도 있다. 영국의 버밍엄Birmingham에 갔을 때의 일이다. 호텔 프론트에서 체크인할 때 종업원이 하던 말을 전혀 알아들을 수 없었다. 다음 날 버밍엄대학에서 공동연구자 학생분과 이야기를 했을 때도 도무지 무슨 말인지 알아들을 수 없었다. 그래서 독일인 연구자에게 영어 '통역'(현지 사투리가 섞이지 않은 영어로 다시 말해 주는 것)을 부탁하지 않을 수 없었다. 내용이 이해가 안 될 리 없는데 일본에 살다 보니 영어 듣기 능력이 현저히 떨어졌나 싶어서 적지 않은 쇼크를 받았다. 하지만 버밍엄은 영국에서도 사투리가 심한 것으로 유명해서 처음 듣고 당황해하는 사람들이 많다는 사실을 나중에 듣게 되었다.

생각해보면 일본에서도 낯선 지역에서 갑자기 누군가 방언으로 말을 걸었을 때 잘 이해가 가지 않는 경우가 있다. 그것과 마찬가지다. 버밍엄 영어도 며칠간 체재하는 사이에 귀가 익숙해져서 보통 영어처럼 이해할 수 있게 되었다. 하지만 금방 귀가 익숙해져서 알아들을 수 있게 된 것은 상대방이 사용하는 영어를 대부분 이미 알고 있고, 동시에 내용에 대한 스키마가 충분히 있었기 때문이다. 방언이나 어투 이전에 내용에 대한 스키마가 없고 어휘력이 부족한 경우에는 억지로 알아들으려고 하기보다는 우선 어휘를 늘리는 데 시간을 할애하는 편이 효율적이다. 급하면 돌아가야 한다는 소리다.

또 하나 중요한 점은 듣기가 어렵다고 생각한다면 멀티모덜(다양한, multimodal) 상황, 요컨대 음성 이외에 시각 정보도 있고 내용에 대한 힌트를 줄 수 있는 영상 미디어로 연습하는 것이 좋다. 또한 알아들을 수 없었던 부분을 스키마로 보충해줄 수 있는 교재가 좋다. 예를 들어 자기가 좋아하는 화면은 듣기 학습을 위한 최적의 재료가 될 수 있다. 스포츠를 좋아한다면 스포츠 중계도 좋고 요리가 좋다면 영어로 방송되고 있는 해외 요리 프로그램도 좋다. TV 중계는 영어가 계속 흘러가 버려 따라갈 수 없을지도 모른다. 그럴 때는 그것을 녹화해두었다가 몇 번이고 거듭해서 다시 보면 좋을 것이다. 자막 없이 이해가 어렵다면 자막이 달린 영상으로 봐도 좋다.

요약하면 듣기 실력을 향상하기 위한 포인트는 아래와 같다.

① 어휘를 늘린다
② 스키마를 사용한다
③ 멀티모덜한 정보의 도움을 받는다

어휘를 늘리고 스키마를 사용하고 멀티모덜한 상황에서 내용을 알아들을 수 있게 되었다면 그다음은 특정한 목적을 위해 귀에 익숙하게 만들면 된다. 토플, 토익의 듣기에서 고득점을 얻기 위해서는 당연히 해당 시험 형식에 대응하는 연습을 해두는 편이 좋다. 하지만 스키마가 기능하기 어려운(자신으로서는 익숙하지 않은) 토픽을 사용한, 음성 정보만을 녹음한 자료로 처음부터 연습하는 것은 권하고 싶지 않다. 뭐니 뭐니 해도 어휘력을 키우는 것이 듣기 실력 향상에 불가결하고 멀티모덜한 정보를 사용해 영어 청취에 익숙해진 다음, 음성만으로 구성된 매체의 듣기 연습을 하는 편이 학습의 인지 메커니즘 관점에서는 훨씬 이치에 맞는다고 할 수 있다.

8장
어휘력을 신장시키는
숙독 · 숙견법

뿌리 깊은 다독 신화

결국 어휘를 늘리는 것이 표현해낼 수 있는 영어 실력을 신장시키고 읽기, 듣기, 말하기, 쓰기의 네 가지 기능을 균형 있게 배양시키기 위해 가장 중요한 일이다. 그런데 사람들 대부분은 많이 읽고 많이 들으면 어휘가 늘어날 것이라고 생각하는 것 같다. 영어 학습, 교육에 대해 다양한 사람들과 이야기를 나눌 기회가 많은데 그때 일반적으로 믿어지고 있는 것, 그야말로 '신화'라고 해도 좋을 정도일지도 모르겠지만, 이런 것들은 인지심리학적으로 아무런 근거도 없고, 혹은 잘못된 것이라는 사실에 쇼크를 받는 일이 종종 있다. 많이 읽고 많이 듣는 신화는 그중 가장 대표적인 것이다.

일전에(이와나미쇼텐이 아니라 다른 회사의) 어떤 편집자와

이야기를 나누고 있었다. 영어 학습에 대해 잡담을 하다가 영어 화자에게 개념적으로 매우 거리가 먼 단어가 일본어에서는 동일한 말로 번역되기 때문에 일본의 학습자들은 '동일한' 의미라고 생각해버린다는 이야기가 나왔다. 이 책에서도 앞서 언급했던 이야기다. 그러자 그 사람은 "그렇지요. 그러니 그런 오해를 풀기 위해 다독을 해나가야 하지 않겠습니까"라고 말했다.

이 발언에 나는 경악했다. 최첨단 정보는 영어로 작성되는 경우가 더 많기에 영어를 막힘없이 술술 읽으면서 정보를 얻어낼 수 있으면 커다란 강점이 된다. 그런 의미에서 어지간히 두꺼운 영어책을 가볍게 읽고 이해할 수 있는 힘이 중요하다는 사실은 틀림없으므로 다독 학습에 일정한 시간을 들이는 것은 의미가 있다고 여겨진다. 하지만 다독을 영어 활용 능력을 전반적으로 고양하기 위한 만병통치약처럼 간주해버리는 것은 잘못된 생각이다. 다독이 가져다주는 효용에는 한계가 있으며, 어휘를 풍요롭고 깊이 있게 하겠다는 목적이라면 다독은 거의 도움이 되지 않는다.

정보처리의 깊이와 기억

영어 학습에서 다독의 효율성과 한계에 대해 이해하기 위해 인간의 인지 구조에 대해 다시 복습해보자. 일반적으로 사람들은 자신이 지금 읽고 있는 텍스트의 내용이 이해되면 그것을 정확히 기억할 수 있다고 생각한다. 하지만 그것은 잘못된 생각이다. 직장이나 집으로 가는 길에 몇백 번, 몇천 번을 바라보던 광경을 떠올려보자. 어느 날 갑자기 건물이 해체되어 아무것도 없는 땅이 되거나 다른 가게로 뒤바뀐 경우가 있다. 그런 상황에서 이전에 어떤 건물이 있었는지, 어떤 가게가 있었는지 도무지 생각이 나지 않았던 경험이 있지 않을까? 내게는 그런 경우가 빈번하다. 치매에 걸린 게 아니다. 아닐 거라고 생각한다. 젊었을 때부터 종종 비슷한 경험을 했기 때문이다.

결국 인간의 정보처리는 기본적으로 목적 지향적이기 때문에 불필요한 정보에 주의를 기울이지 않는다. 그리고 주의를 기울이지 않았던 정보는 기억나지 않는다. 어떤 특정한 정보를 얻기 위해 뭔가를 보고 있다 보면 그 이외의 정보는 거의 보지 않게 되고 주의를 기울이지 않는다. 막연하게 '보는' 것만으로는 상세한 사항은 고사하고 자신이 봤다는 것조차 기억해내지 못하는 경우가 허다하다. 뭔가를 기억하고 그것을 정착시키기 위해서는 봐야 할 것에 주의를 기울일 뿐만 아니라 해당 정보를 깊이 있게 처리해야 할 필요가 있다.

얼마나 깊이 있게 정보처리를 했는지가 기억에 영향을 미치게 되어, 결국 깊이 있게 처리된 단어일수록 기억에 그 흔적을 남기기 쉽다. 글에 나왔던 생소한 단어를 외우려고 하자 문장 중에서 한두 번 그 단어를 '바라본, 혹은 본' 것만으로는 기억에 남아있지 않다. 의미에 대해 고민해보고 사전에서 확인해보고 다시 한번 문맥에 적용해 확인해본다. 그 정도 하지 않는 한 글에서 처음으로 만나게 된 단어를 기억에 깊숙이 각인시킬 수 없다.

다독 학습의 목적과 한계

다독의 목적은 깊이 있는 정보처리와 반대 방향으로 향하고 있다. 다독에서는 짧은 시간 안에 글의 내용을 이해하고 정보를 집어넣으려고 한다. 그때 우리의 뇌는 글로 적힌 주제에 대한 지식(스키마)을 총동원해서 내용에 대한 대략적인 파악에 집중하고 있다. 그러면 하나하나의 단어가 가진 의미에는 거의 주목하지 않게 된다. 생소한 단어가 나와도 스키마를 활용해 글 전체의 의미를 파악할 수 있다면 단어의 세세한 의미는 일일이 생각하지 않아도 되기 때문이다.

예를 들어 미국에 있는 대학의 입학 허가 시스템에 대해 적힌 글을 읽었다고 치자. 그러면 'admission'이나 'admit'라는 단어를 빈번하게 접하게 되고 'admission'은 '입학 허가', admit은 '허가하다'라는 의미라고 이해할 수 있다. 그러나 그밖에 일본어로 '허용하다' 혹은 '허가하다'라고 번역되는 'accept, approve, excuse, forgive' 등의 단어가 그 글에 꼭 나오리라는 법은 없기에 그런 단어들과의 차이점에 대해 생각하는 것은 이 글을 읽는 것만으로는 불가능하다.

요컨대 다독하고 있을 때의 인지 프로세스를 고찰해보면, 다독을 해서 수많은 단어를 외우고 뭔가를 표현해낼 때 활용할 수 있는 어휘를 만들 수 있다고는 생각되지 않는다. **다독 학습은 대부분의 단어를 알고 있는 글 안에서 간혹 나올 생소한 단어의 의미를 자신이 읽어낸 내용과 자신이 가지고 있는 스키마를 활용해 추측하는 연습**이다. 그 자체는 매우 중요한 능력이기 때문에 다독 연습은 해야 한다. 하지만 다독 학습은 문장 레벨이 그 학습자에

맞게, 사전을 군이 찾지 않아도 이해할 수 있도록 적절하게 설정되어있어야 한다는 전제가 필요하다. 문장 레벨이 학습자에게 맞지 않으면 다독 연습의 의미가 없어져 버리기 때문에 주의할 필요가 있다.

어휘력을 향상하기 위해서는 다독이 아니라 숙독

읽기를 통한 어휘력 향상, 과연 어떻게 하면 좋을까. 어휘력을 향상하려면 그냥 한번 읽어보고 글의 의미만 파악하고 끝낼 것이 아니라, 몇 번이고 다시 읽어야 한다.

우선 처음에는 다독에서 하는 방식에 따라 사전을 찾지 않고 대충 훑어 내려가며 전체적인 내용 파악에 집중한다. 그때 무슨 의미인지 이해가 되지 않아 신경이 쓰이는 단어가 있다면, 일단 표시만 해두고 지나간다.

두 번째는 천천히 읽어 내려가며 마크해둔 단어를 사전을 찾아가며 조사해본 후, 첫 번째 읽었을 때 나름대로 추측했던 의미가 올바른지 확인한다. 긴 문장이었다면 일부분만이라도 상관없다. 사전을 찾을 때는 가장 먼저 나오는 의미만이 아니라 마지막에 나오는 의미까지 차근차근 살펴보면서 과연 어떤 의미가 해당 문장에 딱 들어

맞을지 확인해본다.

그런 다음 글을 처음부터 다시 읽어본 후 사전에 적힌 의미가 정말로 문맥에 맞는지를 음미한다.

이 정도까지 하면 해당 단어에 대해 깊이 있는 정보처리가 이루어져 단어의 뜻이 기억에 정착될 가능성이 커진다. 신경이 쓰이는 단어는 다시 워드넷이나 코퍼스를 통해 깊이 파고 들어가 동일한 네트워크에 속하는 관련어나 유의어를 조사하고 그런 단어들과의 차이점에 대해 검토해본다. 이런 과정을 거치면 해당 단어들이 매우 깊숙이 정보 처리되게 되어 영어 스키마에 대한 발견으로 이어지며, 결국 기억에 제대로 정착할 것이다.

영화를 '숙견'해보자

깊이 있는 정보처리를 통해 단어를 기억하고 어휘를 늘리기 위한 수단으로 영화의 '숙견熟見'을 권하고 싶다. 영어 학습 수단으로 영화를 사용하는 것이 딱히 새로운 방법은 아니다. 하지만 영화를 사용하는 경우라도 인지적 관점에서 그다지 학습의 심화로 이어지지 못할 방식으로 행해지는 것을 자주 발견하게 된다. 예를 들어 무조건 많은 작품을 보는 게 좋다거나, 자막 없이 최선을 다해 보는 것이 좋다고 생각하는 학습자가 많지 않을까 싶다.

영화에는 시각 정보 외에도 대사, 음악, 효과음 등의 청각 정보, 스토리 흐름 안에서의 문맥 정보 등, 매우 풍요로운 정보가 다량 포함되어있다. 앞 장에서 멀티모델 소재 쪽이 듣기 학습에 적합하다고 언급했었는데, 영화는 그런 의미에서 안성맞춤이라고 할 수 있다. 일단 영상이 수록되지 않는 텍스트나 듣기 교재보다 대략적인 의미 파악이 쉽다.

하지만 대략 의미를 파악하려고 할 때의 정보처리 방식으로는 어휘를 결코 늘릴 수 없다. 내용을 대략적으로 파악하려고 할 때, 사람들은 세세한 표현에까지 그다지 주의를 기울이지 않는다. 그래서 나는 그와는 다른 방법으로 영어 실력 향상에 영화를 활용하고 있다.

그 방법이란 좋아하는 영화의 대사 하나하나를 정확하게 알아들을 수 있을 때까지 몇 번이고 보는 것이다. 제법 어려운 일이다. 교재로 나온 CD라면 거의 모든 단어가 제대로 된 발음으로 녹화되어있지만, 영화에서는 앞뒤 단어가 서로 뭉쳐진 상태로 발음되거나 대명사, 전치사, 비be동사, 관사 등의 기능어가 매우 약하게 발음된 경우도 있어서 귀를 쫑긋 세우고 들어도 제대로 된 음으로 들리지 않는 경우가 많다. 일부를 생략해서 완전한 문장으로 말하지 않는 경우도 자주 있다.

예를 들어 앞에서도 언급했던 007시리즈 〈스펙터〉 중에 나온 일절인 'If you know what I mean'에 대해 본드가 말했던 'I think I do' 등이 그러했다. 이렇게 간단한 문장인데도 문장 전체가 하나의 음으로 뭉쳐진 상태여서 전혀 알아들을 수 없었다.

영화 대사를 하나하나 이해한다는 것은 **실제로 들리지 않는 단어까지 포함해, 말하는 사람이 마음속으로 발화한 영어문장을 자기 스스로 행간을 채우면서 복원하는 작업**이다. 이런 연습은 리얼한 실제 대화 내용을 알아들을 때도 매우 도움이 된다. 리얼한 대화에서는 그런 경우가 다반사이기 때문에 미리미리 이런 작업을 해두어야 한다.

실제로 거의 음을 이루지 못하는 발화내용까지 포함해 자막도 없이 모든 대사를 복원하려면 원어민 수준의 영어 실력이 필요하다. 한번 듣기만 해도 이것이 가능한 사람은 이런 연습을 할 필요가 없을 것이다. 내가 〈스펙터〉의 주제가에서 'break' 같은 기본적인 단어를 알아들을 수 없었던 것처럼, 예측할 수 없는 단어는 자기가 '알고 있는' 기본 단어라도 들리지 않는(=단어를 인식할 수 없는) 경우가 많다. 때문에 몇 번이고 봐도 자막 없이는 도저히 알아들을 수 없는 부분이 있다면 알아들을 수 없는 채 끝나버리는 경우가 대부분이다. 어느 정도 레벨의 영어 실력이 있으면 영어 스토리는 대략적으로나마 이해할 수 있다. **스토리 이해에 안주해버리면 어휘 증강으로 이어지지 않는다.**

효과적인 '숙견' 순서

그래서 다음과 같은 방법을 권하고 싶다. 우선 자막 없이 해당 영화를 일단 한번 보고 나서, 그 영화가 자신의 영어 실력 레벨에 합당한지를 잘 판단해본다. 자막 없이도 스키마를 통해 어떻게든 내용을 이해할 수 있는 레벨의 영화이며, 몇 번을 봐도 좋을 정도로 내용이 마음에 든다면 모든 대사를 알아들어 보자는 목표를 세운 뒤 반복해서 본다. 이것이 바로 '(숙독이 아닌) 숙견'이다.

'숙견'을 할 때는 일단 일본어 자막이 삽입된 상태로 몇 번에 걸쳐 살펴보는 것에서 출발할 것을 권한다. 그때 잘 알아들을 수 없는 부분을 기억해둔 후 해당 부분을 반복해서 본다. 그렇게 해도 도저히 알아들을 수 없는 단어나 구phrase가 있다면 이번엔 영어 자막으로 전환시킨다. 일본 사양(규격)으로 제작된 영화 DVD들 중 대부분은 일본어와 영어 자막이 양쪽 모두 갖춰져 있기에 숙견법을 쓸 때 커다란 이점이라고 할 수 있다.

처음에 자막 없이 일단 도전해보고, 그다음에 영어 자막을 보는 게 낫다고 생각할 독자분도 있을 것이다. 하지만 우선 일본어 자막이 포함된 영상을 보는 것은 인지적으로 중요한 이유가 있기 때문이다. 일본어 자막을 통해 어떤 의미에 대해 말하고 있는지 이해하면, 의미를 이해하려고 할 때의 인지적 부하가 감소한다. 경감된 정보처리 리소스(인지적 자원)를 단어 하나하나를 정확하게 알아듣는 부분으로 향하게 할 수 있다. 대사를 의미 레벨에서 대략적으로 이해하는 작업에서, 꼼꼼하게 단어 하나하나를 알아듣는다는 또 다른 레벨의 인지 처리로 전환하기 쉬워진다.

다음으로 예측이 쉬워진다. 일본어 번역을 보게 되면, 그다음에 무엇을 말할지 예측하면서 영어를 들을 수 있다. 예측하는 것 자체에 깊이 있는 정보처리가 필요하므로 자신이 알아들은 단어나 문장이 기억에 남겨지기 수월해진다. 일본어 자막이 있는 영상을 통해 알아들을 수 있는 부분까지 최선을 다해 알아듣고 마지막에 가서 영어 자막을 보면 대부분 깜짝 놀란다. 일본어 자막을 보면서 인식할 수 없었던 대사에 자신이 미처 예측할 수 없었던 단어나 표현이 포함된 경우가 대부분이다. 이런 경험이 어휘력 증강으로 이어진다. **예측이 빗나갔을 때, 정보 처리가 가장 깊이 있게 발생되어 기억에 깊이 각인되기** 때문이다.

이 방법을 〈스펙터〉를 가지고 시험해보았다. 주제가 중에서 일본어 자막의 "떨어지는 나를 지켜줄거니?"에 대응하는 "Could you___my fall?"의 ___이 'break'라는 사실을 전혀 예상치 못했다가 나중에 영어 자막으로 이를 알게 되어 깜짝 놀란 적이 있다는 사실을 앞서 언급했었다. 충격을 받았기 때문에 이런 'break'의 의미와 사용 방식은 평생 잊지 못할 거라고 생각한다. 이처럼 마음에 깊이 각인된 부분이 이 이외에도 몇 군데 있었다.

본드가 이 영화의 히로인을 맡은 아름다운 의사와 처음으로 만나게 되는 장면이다. 환자의 한 사람으로 찾아간 본드에게 그녀가 문진을 실시한다. 그녀가 본드에게 성장환경, 가정환경 등을 묻는 장면이 나온다. 그때 본드가 갑자기 'Humor me'라고 말하며, 이번엔 자신이 반대로 그녀의 경력을 묻는다. 자막에서는 "질문이…"라고 나와 있다. 이 장면에서 'humor'는 전혀 예측할 수 없었기 때문에 역시 알아들을 수 없었고 나중에 영어 자막을 보고서야 그 표현에 대해 알고, 놀랐다.

'humor'라는 단어가 '유머'라는 명사로 사용한다는 사실은 당연히 알고 있었지만, 동사로도 사용할 수 있다는 것까지는 미처 알지 못했다. '캠브리지 영어 사전 Cambridge English Dictionary'에는 그 뜻이 '어떤 사람의 비위를 맞추거나 기분이 상하지 않게 하려고 그 사람이 원하는 대로 해주는 것(to agree to someone's wishes in order to help improve that person's mood or to avoid upsetting him or her)'이라고 기재되어있다. 영어 문맥에서는 예컨대 "당신에 대해 가르쳐주세요, 그렇게 해서 저를 만족시켜주세요" 정도의 의미라고 생각한다. 내가 사용하기에는 너무 상급 수준의 용법이지만, 이런 식으로 'humor'라는 동사를 사용할 수 있다는 사실은 앞으로도 좀처럼 잊지 못할 것이다.

영어 자막을 처음부터 본 경우에는 이런 깊이 있는 인

지 처리 과정이 발생되지 않는다. 보면서 그대로 이해해 버리고 말기 때문에 예측하는 과정이 일어나지 않게 된다. 그러면 정보처리는 깊이가 없어지고 기억에도 남지 않는다. 인간의 '업'이라고 할 수 있다. 처음부터 정답을 봐버리면, '그렇지, 그렇게 생각했거든'이라며 마치 미리 정답을 알고 있기라도 했던 것 같은 기분에 빠져버리게 되어, 정답을 알게 된 후 놀라는 일도 없다(이것을 인지심리학에서는 '사후확증편향hindsight bias'이라고 부른다).

다채로운 표현 발견하기

일본어 자막을 읽으면서 영어를 들으면, 이 밖에도 여러 장점이 있다. 내용을 전달하는 표현은 한 가지가 아니다. 몇 가지나 되는 표현들 가운데 그 상황에 가장 적절하고 상대방에게도 이해되기 쉽게, 상대방의 마음을 사로잡을 수 있는 표현을 쓸 수 있다. 이것이 바로 언어 센스라는 것이다.

하지만 외국어의 경우에는 일단 모어에서 외국어로 '의미를 옮기는' 것만으로도 버겁기 때문에 이런 당연한 사실이 미처 보이지 않는 사람도 많다. 특히 수험생에게 많은데, 아마도 학교나 학원 등에서 그렇게 배우기 때문일 것이다. 수학 공식이나 물리, 화학 법칙을 암기하듯 "일본어 ○○는 영어 ××라고 번역한다"라고 배운 후 테스트를 치르기 위해 암기만 반복한다.

자연스러운 영어를 표현해낼 수 있게 되려면 이런 잘못된 인식을 타파할 필요가 있다. 보고서나 제안서나 논문처럼 전문적인 서류를 영어로 쓸 때는 의미가 통하면 오케이OK라는 안이함이 통용되지 않는다. 내용뿐만 아니라 이해하기 쉽고 간결하며 적확한 문장을 적어야 한다.

나는 아직 그런 레벨은 아니라고 생각할지도 모른다. 그러나 그런 사람이야말로 교과서에서 배운 정형문이 아닌 표현 방식으로 자신이 알고 있는 어휘 범위 내에서 기본적인 단어를 구사해 영어문장을 만드는 연습을 하는 것이 중요하다. 단어가 입 밖으로 나오지 않아서 영어를 제대로 할 수 없다고 말하는 사람이 많겠지만, 발상을 전환해서 **자신이 알고 있는 단어로 어떻게든 말하고 싶은 바를 표현할 수 있는** 방법을 모색해보는 것이 중요하다. 그러기 위해서는 일본어를 단어 레벨에서 하나씩 번역하는 것이 아니라, **말하고 싶은 내용 전체를 영어적인 발상으로 영어로 변환시키는** 습관을 길러가는 것이 중요하다.

나도 영어로 글을 쓸 때 각별히 주의하고 있는 사항이 바로 이런 점이다. 말하고 싶은 내용을 단어 레벨에서 일본어에서 영어로 옮기는 것이 아니라, 전달하고 싶은 내용을, 문장 단위가 아니라 아이디어의 덩어리로 생각해 일본어에 굳이 얽매이지 말고 영어로 표현해본다. 그때 하나의 표현만이 아니라 가능한 표현을 **복수로 생각해낸 후 그중 가장 간결한 표현을 고르도록** 하고 있다.

영화 숙견법으로 돌아가자. 대사를 거의 알아들어서 내용이 머릿속에 들어왔다면, 이번엔 **일본어 자막을 보면서, 본인이라면 이런 영어를 쓸 거라고 상상해보는 것**도 좋은 연습이 될 것이다. 자신이 생각해낸 영어문장과 프로 각본가가 고르고 골라 쓴 탁월한 대사의 갭을 즐기는 것이다.

다채로운 표현 방식을 연습한다

영화에 나온 영어를 거의 알아들을 수 있게 되어 내용이 머릿속에 들어오면 일본어 자막이 결코 영어 단어를 그대로 일본어로 바꾼 것이 아님을 새삼 깨닫게 된다. 예를 들어 "움직이지마"는 "Don't move"라고 말해도 되지만, 제임스 본드는 그저 "Stay"라는 한마디를 던질 뿐이다. "당신을 구할 사람은 나다"라는 내용이라면 무심코 "It is me who can rescue you"같이 수험서에 나올 법한 정형화된 구문을 쓰고 싶어지지만, 영화에서는 "I'm your best chance of staying alive"다. "체포하겠다"도 보통은 "I will arrest you"라고 번역하고 싶어지지만, "I'm going to bring you in"이었다.

일본어는 일반적으로 명사의 중량감이 크고 한자어 명사를 중심으로 문장의 의미가 만들어진다. 하지만 **영어에서 중심이 되는 것은 동사와 전치사**다. 일본어의 특징을 의식하지 않고 단어 단위로 표현하려고 하면 일본어 명사를 사전에서 찾아 만들어버리기 때문에 무척 부자연스러운 영어 문장을 만들어버리게 된다.

바꿔 말하자면 **자연스러운 영어를 쓰려면 일본어 명사에 대해서는 일단 잊어버리고 전체적으로 무슨 말을 전하고 싶은지 생각하는 것**이 매우 중요하다는 말이다. 그때 우선 동사에 대해 고민해봐야 할 것이다. 이 점에 대해서는 영작문 등과 관련된 다수의 참고서에 나와 있으므로 이미 알고 있는 분도 많겠지만, 영화를 '숙견'하면서 영어 대사와 자막에 나온 일본어를 비교해보면 그런 사실이 더 잘 파악될 것이다. 이런 '체험에 바탕을 둔 이해와 인식'도 학습에서는 매우 중요한 사항이다. 특히 내면에 깊이 스며들어버린 일본어 스키마에 굴하지 않고 영어 스키마를 획득하기 위해서라면 더더욱 그러하다.

일본어 센스도 연마한다

영어 대사가 머릿속으로 들어오고 더더욱 '숙견'을 계속하면 자막 번역 전문가 기량도 즐길 수 있게 된다. 영화 자막은 글자 수가 매우 한정되어있으므로 최소한의 글자 수로, 심지어 멋진 일본어 대사를 생각해야 한다. 영어의 이런 대사, 만약 본인이라면 일본어로 어떻게 표현할지 깊이 생각하게 될 것이다.

〈스펙터〉에서는 각본가의 기량에도 감탄했지만, 일본어 자막도 너무나 훌륭하다고 무릎을 내려치고 싶은 부분이 여러 대목 있었다. 이 영화의 자막 제작자는 유명한 도다 나쓰코戸田奈津子 씨였는데 듣던 대로 정말 대단하다고 납득하면서 그녀의 기량에 새삼 감탄한다. 예를 들어 악의 조직적 거점이 어디인지를 제임스 본드와 히로인이 밝혀낸 뒤, 그것이 실은 지도상의 공백지대로 아무엇도 있을 리 없는 장소였다는 장면에 나오는 대사다. 영어로 히로인이 "Where was he going?"이라고 묻자 본드가 그저 한마디, "Nowhere"라고 대답한다. 대답하는 스타일도 너무 근사하지만, 자막에서는 "사막이다"였다. '아무것도 있을 리 없는 장소'라는 표현은 너무 엉성하고, 영상에 비치고 있는 지도로는 사막이라는 사실을 좀처럼 파악할 수 없다. '사막'이라는 단어가 나오자마자, 단 하나의 단어로 제반 상황이 순식간에 이해하기 쉽게 전달되었다.

아무 생각도 없이 영화를 보고 있노라면 스토리를 따라가기에 급급한 나머지 이런 세부적인 대사를 흘려버리게 되는데, 의식적으로 자막을 '음미해보면', 청취자의 이해 상태를 가늠해 최소한의 일본어로 필요한 정보를 가장 멋진 스타일로 전달하려는 자막 번역가의 노력과 아이디어, 그리고 무엇보다 말에 대한 센스를 엿볼 수 있게 된다. 이런 경험은 자신의 일본어 문장 표현을 연마할 때도 틀림없이 도움이 될 것이며, 애당초 일을 하는 데 있어서 가장 필요하다고 인정받는 능력이다. 좋은 영어를 쓸 수 있게 되려면 우선 일본어로 센스 있는 언어 표현력을 갖출 필요가 있다.

비단 영화 자체만이 아니라, 거기에서 발견하게 되는 '언어의 달인'의 기량이나, 일본어와 영어의 구조적 차이를 발견하고 즐긴다. 즐기면서 몇 번이고 '숙견'하고 있노라면 결국 〈스펙터〉의 대사는 모조리 머릿속에 들어와 버린다. 열심히 달달 외운 것이 아니라 '자연스럽게 들어왔다'라고 말하는 편이 낫다. 이런 식으로 마음속에 각인된 단어나 표현은 확실히 '살아있는 지식'이 된다. 단어가 사용된 문장만이 아니라, 그것이 사용되던 순간의 배우 음성이나 표정까지 함께 깊이 기억에 각인되어 "이런 기분일 때 이런 단어를 사용하는구나"라는 실감이 단어의 의미에 대한 기억에 부착된다.

여담이지만 장기 프로 기사인 시마 아키라島朗 9단이 『시마연구회 노트-마음 단련법島研ノート 心の鍛え方』(고단샤講談社)이라는 책 안에서 기보棋譜를 외우는 방법에 대해 쓰고 있다(졸저 『배움이란 무엇인가学びとは何か』[이와나미신서岩波新書]에서도 이미 소개한 바 있지만, 이 책을 읽지 않은 독자를 위해 다시 한번 소개한다).

엄선된 지정 도서 가운데 우선 1책, 1국씩 이긴 쪽부터 순서대로, 그다음에 진 쪽부터 나열시킨다. 그리고 암기해서 기보에 쓰기 시작하며, 아무것도 안 보고 쭉 나열하여 1국이 종료된다. 도합 4회 정도 똑같은 장기를 말 그대로 정밀하게 조사하는……

물론 이에 비해 영화 숙견법은 훨씬 부담이 적지만, 배후에 있는 정신은 마찬가지다. 뭔가를 이해하고자 강렬히 열망하며 진지하게 그 의미를 거듭거듭 깊이 성찰해가다 보면, 어느새 자연스럽게 기억에 깊이 각인되고 몸의 일부가 되며 결정적인 순간에 자연스럽게 몸이 기억해내는 '살아있는 지식'이 되는 것이다.

또다시 탈선해버렸다. 〈스펙터〉로 돌아오자. 영화 안에서 "I've got to explain to him how one of our agents decided to potter off to Mexico, all on his own, and cause an international incident"라는 대사가 있다. 본드가 테러 조직 암살자를 쫓아 허가도 받지 않은 채 멕시코로 가서, 사람들로 가득 찬 축구 경기장을 폭파한다는 테러 계획을 포착한 후 해당 테러리스트를 죽이고 그러던 와중에 (아마도 테러리스트의 폭탄에 탄환이 맞아) 빌딩을 날려 버린다는 엄청난 일이 벌어진 후, 귀국해서 불려갔을 때 상사가 말했던 대사다. 이 부분에 나온 상사의 대사는 제법 길지만 모조리 떠올릴 수 있어서 표정이나 음성까지 고스란히 기억이 난다.

이 대사에 나온 'potter'라는 동사가 신경이 쓰였다. '도공'이라는 의미의 명사가 당장 떠오르지만 이와는 어원이 다른 동사로 '어슬렁거리다'라는 의미로 사용되는 경우도 있다는 것을 어렴풋이 알고 있었다. '캠브리지 영어사전'에서는 'to move around without hurrying, and in a relaxed and pleasant way'라고 설명되고 있다.

실제 영화에서 본드는 목숨을 걸고 싸우며 동에 번쩍, 서에 번쩍하고 있기 때문에 도저히 '천천히 느긋한 상태로' 있을 만한 상황이 전혀 아니었지만, 본드가 제멋대로 벌이는 행동을 달갑지 않게 여기고 있는 상대방의, '멋대로 놀러 가서 자기 하고 싶은 대로 실컷'이라는 심정을 담아 이런 동사가 간택되었을 것이다.

영어 구문 스키마 부분에서 언급했지만, 'potter off to Mexico'라는 표현도 매우 영어적이어서 영작문의 코어가 되는 구문 표현이다. 영화 속에서는 곳곳에 'potter off to Mexico'처럼, 동작의 특별한 상태를 나타내는 동사에 전치사를 붙여 이동을 나타내는 표현이 사용되고 있다. '양태동사+전치사'로 특정 상태에서의 이동을 나타내는 구문이라고 영문법 참고서에 꼭 나올 법한 내용이지만, 이 구문을 이처럼 추상적으로 외워본들 '살아있는 지식'이 되지는 않을 것이다. 하지만 좋아하는 영화 안에서 '어머나, 여기서도 이런 구문을 사용하고 있네!'라는 감개무량한 심정으로 복수의 동사, 전치사의 조합으로 문장이 상황과 함께 고스란히 기억에 깊이 각인될 수 있다면 이런 구문은 마침내 신체화된 '영어 스키마'가 되어 자연스럽게 입에서 술술 나오게 될 것이다.

단, 영화 하나 본 것만 가지고는 아무리 '숙견'을 한들 영어 스키마가 신체화될 거라고 장담하기 어렵다. 어떤 것이 신체화될 경지에 이르기 위해서는 오랜 기간의 훈련이 필요하다. '귀로 듣기만 해도 영어가 자연스럽게 입에서 나온다'라는 영어 교재 광고를 자주 보는데, 인간의 인지 구조에 완전히 반하는 내용이기 때문에 무척 기묘하다. 입에서 나오는 것이라곤 'Good morning'이나 'Nice to meet you' 등의 인사말 정도로 맨 처음 나오는 몇 마디에 불과한 건 아닐까?

아이들이 모어를 배워갈 때는 의식적으로 주의를 기울이지는 않지만, 단어의 의미나 상황이나 구문, 문법을 단서로 추론하고 그것을 함께 기억하는 방식을 취한다. 거기서부터 조금씩 단어의 의미를 추상화해서 기억하고, 그와 병행하는 형태로 문법이나 구문의 형태나 의미를 추상화하면서 기억해간다. 그러므로 모어 지식은 '살아있는 지식'인 것이다. 그런 의미에서 영화 숙견법은 외국어를 '살아있는 지식'으로 만들어가기 위해 인지적으로 이치에 맞는 방법이다.

코퍼스로 의미를 깊이 있게 조사하는 것은 시간을 너무 빼앗기므로 좀처럼 실행하기 어렵다고 생각하는 독자들은 영화를 '숙견'하면서 신경이 쓰이는 단어가 나타나면 해당 단어와 유사한 단어의 용법, 공기共起 패턴, 문맥의 차이 등을 조사해보면 좋을 것이다. 신경이 쓰였던 단어라면 그 의미를 좀 더 깊이 알고 싶다는 동기부여도 해줄 수 있다.

영화 숙견법을 실천하려면 몇 번이고 보고 싶다는 생각이 드는, 자신이 좋아하는 영화를 고르는 것이 가장 중요하다. 매력을 느끼는 대상이 아니면 반복해서 보기가 싫어진다.

하지만 **영어 실력으로 감당이 가능한 레벨이어야 한다는 점도 중요하다**. 앞서 언급했던 것처럼 영화는 텍스트나 CD에 비해 정보가 풍부해서 귀로 알아들을 수 없는 부분을 스키마로 보강해버리기 쉽다. 맨 처음 그 영화를 볼 때는 세부적인 듣기가 불가능해도 괜찮으니, 자막 없이 과연 어느 정도나 대략적인 내용을 따라갈 수 있을지 확인해보면 좋을 것이다. 자막 없이는 전혀 내용을 알 수 없는 영화라면 자신의 영어 실력에는 넘치는, 혹은 스키마가 부족한 것일 가능성이 높다.

또한 대사가 길고 복잡한 심리묘사를 표현한 영화는 이런 방법에 적합하지 않을지도 모른다. 문장이 길면 문장 전체를 기억하는 것이 너무 힘들어서 영화의 대사 전부를 머리에 넣기 전에 진저리가 나서 좌절해버리기 쉽다. 그런 점에서 액션 영화는 나쁘지 않을 것이다. 〈스펙터〉는 액션 장면이 많을 뿐만 아니라 대사가 짧고 복잡한 문장이 거의 없었기 때문에 자연스럽게 대사 전체를 머릿속에 넣을 수 있었다. 애니메이션을 좋아하는 사람이라면 애니메이션 영화가 좋을지도 모른다. 독자 여러분들도 아무쪼록 숙견에 적합하고 본인 취향에도 맞는 영화를 찾아 꼭 시도해보길 바란다.

9장
말하기와 쓰기
실력을 키운다

말하기와 쓰기는 인지적으로 어떻게 다를까

여태까지 언급해왔던 방법으로 기억에 남은 단어는, 자유롭게 문장을 만들 수 있을 레벨의 심오한 지식의 경지에는 아직 이르지 못했을 것이다. 코퍼스 학습을 통해 얻을 수 있는 것은 '머리로 이해하는' 지식이다. **자유롭게 영어로 이야기하거나 쓰기 위해서는 '머리의 지식'을 '몸의 지식'으로 바꾸어야 한다.** '기억한' 단어를 자유롭게 구사하기 위해서는 해당 단어를 활용해 많은 문장으로 표현해내는 연습이 필요하다.

그렇다면 표현해낼 수 있는 연습을 어떻게 해야 할까. 이런 점에서도 합리적 학습법에 대해 갖가지 오해가 있는 것 같다. 표현해내는 형태는 말하기와 쓰기가 있다. 많은 사람이 희망하는 바는 아마도 말을 잘하게 되는 것일 것이다. 모어에서는 말하는 것이 쓰기보다 쉽다고 여겨진다. 실제로 유아들은 두 살 이전부터 말을 할 수 있게 되지만 쓸 수 있게 되는 것은 취학 연령 이후다. 심지어 초등학생은 물론, 대학생이 되고 나서도 쓰는 것이 그리 녹록하지 않다는 사실을 많은 사람이 경험하고 있다.

하지만 말하기는 듣기와 마찬가지로 리얼 타임으로 진행된다. 속도를 스스로 조절할 수 없기 때문에 자기가 알지 못하는 단어가 나와도 말을 하면서 사전 따위를 찾아가며 단어를 조사할 여유가 없으므로 인지적인 부하가 높다. 또한 말할 때는 자잘한 것에 신경을 쓰지 못하고, 어떻게든 자신이 가지고 있는 재료를 활용해 '전달하는' 커뮤니케이션이 주안이 되므로 아무리 연습해도 일본어 스키마의 극복이 어렵고 영어 스키마의 신체화를 기대할 수 없다. 나아가 상대방이 존재하는 대화 상황에서는 상대방이 말하는 내용을 이해해야만 응답할 수 있어서 듣기 능력이 없으면 아무 소용이 없다. 요컨대 말하기는 사전을 찾지 않아도 스스로 말하고 싶은 바를 표현할 수 있을 정도의 어휘력과 상대방의 말을 리얼 타임으로 알아들으면서 이해할 수 있는 듣기 능력이 없으면 성립하지 않는다.

반대로 쓰기는 시간을 스스로 컨트롤할 수 있고, 자기가 모르는 단어를 사전이나 코퍼스 등 다양한 도구를 활용해 조사할 수 있다. 그러므로 결론부터 말하자면 외워둔 단어를 충분히 구사하는 연습을 하려면 말하기보다 쓰기에 좀 더 많은 시간을 할애하는 편이 합리적이다.

로봇 종업원의 '대량 해고'

영어를 외국어로 학습할 경우, 대부분은 음에 익숙해지며 영어를 입에 담는 연습부터 시작한다. 문법보다 먼저 회화에서 시작하는 경우가 많다. 물론 단어나 문법을 모르면 자기 혼자 문장을 만들 수 없어서 교사가 하는 말을 반복하며 그것을 암기하는 정도밖에는 할 수 없다. 그러나 암기로 통용될 수 있는 것은 이야기의 포문을 여는 최초의 한 마디에 불과하다.

얼마 전 "명물 로봇, 반년 만에 '해고' 대량 실업의 기묘한 이유"라는 기사를 신문에서 읽었다(2019년 5월 8일 아사히신문 전자판). 나가사키현의 테마파크 '하우스텐보스' 안에 있으며 '로봇이 처음으로 종업원으로 일하는 호텔'로 화제가 되었고 기네스 인정도 받았던 호텔에 대한 화제였다.

호텔 프런트에서 숙박객에게 받는 질문은 한정되어있기에 '조식은 몇시입니까?' '체크아웃 시간은?' 등의 정형문을 인풋해두고, 이런 문장이라면 이렇게 답변하라는 프로그램을 설정해둔 다음, 한발 더 나아가 학습기능을 추가해 경험을 쌓아가면 로봇이 들은 내용을 인식하고 응답할 수 있게 되리라고 생각했을 것이다. 실제로 손님

이 묻는 내용은 택시 수배와 관련된 이야기거나 근처의 명소, 유명한 요리, 다른 목적지로 갈 교통수단에 관한 질문 등 대부분 예상 가능한 것이었다(호텔 프런트에서 일하는 로봇에게 인생에 관해 물을 사람은 없을 것이며, 설령 물었다 손치더라도 그것은 놀이에 불과해서 로봇이 답변을 못하더라고 흥미로워할 뿐 놀라지는 않을 것이다).

하지만 당초 상정해두었던 '자주 받을 질문'이라도 손님 한 사람 한 사람이 모두 다른 표현을 썼기 때문에 로봇이 결국 두 손을 들어버렸다고 한다.

이 말은 '회화를 할 수 있게 되기 위해서' 과연 무엇이 필요한지 우리에게 가르쳐준다. 언어 표현의 방법은 실로 다양해서 같은 내용이라도 백 명이 있으면 백 가지 문장으로 말할 수 있다. 일단 듣기로 이해하고 나서 상대방

이 듣고 싶은 것을 답변한다는 것은 상당히 고도의, 그야
말로 자유자재로 말할 수 있는 영어 실력이 없으면 불가
능한 일이다. 정형문을 암기하는 것만으로 도저히 충족
될 리 없다.

나 역시 그와 완전히 동일한 경험을 한 적이 있다. 일
때문에 베이징에 가서 택시로 이동할 필요가 있었다. 중
국어는 어느 정도 학습한 상태였고 현지에 사는 지인이
택시 운전사에게 말할 문장을 써주었기 때문에 그것을
필사적으로 외워 운전사에게 전달했다. 하지만 그 후 운
전사가 뭔가를 내게 물어온 순간, 두 손을 들고 머리를
싸맬 수밖에 없었다. 운전사는 명확한 결론이 나지 않았
기 때문에 일단 포기하고 발차해버렸다. 다행히 운이 좋
아서 목적지에 도착할 수 있었지만, 혹여 운이 나빴다면
낯선 장소에서 내려야 했을지도 모른다.

초보자의 말하기 연습의 한계

역으로 말하자면 어휘가 부족한 상태에서 무턱대고 말
하기 연습을 해도 그다지 의미가 없다는 말이다. 초심자
가 간단한 인사나 일상적으로 쓰는 기본적인 말들을 연

습하는 것은 좋다고 쳐도, 어디까지나 영어 리듬으로 발성하는 것이 주된 목적이어야 한다. 일단 어휘력을 신장시키는 것, 외운 단어를 사용해 작문하는 것에 시간을 할애하는 편이 낫다.

아무리 발음이 좋아도 어휘가 부족하다면 듣기든 말하기든 더 이상의 실력향상을 기대하기 어렵다. 최종적으로는 네 가지 기능을 균형감 있게 습득하는 것이 당연히 바람직하겠지만, **처음부터 똑같은 시간을 들여 네 가지 기능을 학습하는 것은 좋지 않다.** 물론 듣기나 말하기 학습을 전혀 하지 않아도 좋다는 이야기는 아니다. 하지만 어휘력을 갖추지 않은 상태에서 듣기나 말하기에 시간을 많이 투여하기보다는, 일단 그 전에 어휘를 늘리고 학습한 단어로 작문 연습을 충분히 하는 편이 시간을 효율적으로 활용하는 것임을 교사나 학생 모두 알아두길 바란다. 말하기에서 중요한 것은 악센트(강세)와 인토네이션(음율)을 포함한 단어와 문장의 발음이다.

일본어 화자의 발음 문제는 예컨대 r과 l의 발음 차이를 말하는 것이 아니다. 실은 나 역시 r과 l의 발음 구별에 서투르다. 애당초 두 가지 음을 귀로 듣고 판별할 수 없으므로 무리한 이야기가 아닐 것이다. 그러나 그 이유로 내가 전달하고 싶었던 내용이 전해지지 않았던 적은 거의 없다. 전달되지 않는 것은 단어의 모음 발음이 잘못되어있을 때나 악센트에 오류가 있었을 때다. 아시는 바와 같이 영어는 철자와 발음의 대응이 불규칙하다. 예를 들어 'light'의 i와 'live'의 i는 같은 철자임에도 불구하고 동일한 음이 아니다. 모음 발음에 오류가 있으면 자신이 말하고자 했던 단어로 들리지 않기 때문에 듣는 순간 상대방에게 제대로 전해지지 않게 된다.

악센트도 마찬가지다. 영어는 단어 악센트로 문장 전체의 음율을 만들어가는 언어기 때문에 악센트가 없거나 위치가 이상해지면 순식간에 음성 정보처리가 크게 저해되어 모어 화자는 단어 인식이 불가능해진다. r과 l처럼 애당초 음이 비슷한 음소는 발음이 달라져도 단어의 다른 부분으로 커버하기 쉽다.

이야기가 조금 옆길로 새어버렸지만, 악센트나 모음의 발음 오류는 학습자 스스로 알아차리지 못하는 사항이므로 교사가 피드백을 잘 해주는 것이 매우 중요하다. 교사 혼자서 수많은 학생의 복창 소리를 한꺼번에 들으며 한 사람 한 사람의 발음 오류를 알 수 없기에 그다지 의미가 없다. 교사 한 사람의 발음을 학생 전원이 복창하는 것에 많은 시간을 할애하기보다는 교사가 짧은 시간씩이라도 개별적으로 발음을 지도하고 그동안 다른 학생들은 작문 자습을 하는 편이 효과적일 것이다.

텍스트에 나와 있는 간단한 다이얼로그를 학생들끼리 서로서로 롤 플레이를 하는 것도 고등학교 영어 수업에서 종종 발견된다. 이것 역시 많은 시간을 할애해도 그다지 효과를 기대할 수 없을 것으로 여겨진다. 앞서 소개했던 호텔 로봇 종업원처럼 잘 다듬어진 정형문을 외워도 현실 속에서의 리얼한 현장에서 상대방이 정형문으로 답변해줄 리 만무하기 때문에 암기한 것을 사용할 수 없게 된다. 학생들끼리 하는 다이얼로그 연습이 유효해지기 시작하는 것은 제법 숙달되기 시작해 어휘가 풍부해지면서, 설령 속도가 다소 느리더라도 어쨌든 알맹이 있는 내용을 자유롭게 말할 수 있게 되고 나서다.

앞서 언급했던 것처럼 말하기에서는 자신이 알고 있는 어휘로 전달하는 것이 중요하다. 딱 들어맞는 단어가 발견되지 않으면 구절 단위로 다시 말할 수 있게 되는 것이 중요하다. 어휘가 제법 내실을 갖추고 미흡하더라도 어떻게든 작문을 할 수 있게 되면(거듭 반복해서 죄송스럽지만, 이 부분은 강조해두고 싶다), 이 연습은 응당 해야 한다. 자신이 충분히 구사할 수 있는 단어로 (필요하면) 얼버무리면서도 리얼 타임으로 말하고 싶은 것을 전달하는 연습이다.

이때 정관사·부정관사나 가산·불가산의 표시, 주어와 동사의 숫자상 일치, 시제 등까지 일일이 신경 쓰면서 이야기를 한다는 것은 도저히 불가능하다. 그런 의미에서 아무리 말하기 연습을 해도 일본어 스키마의 극복은 어렵고 영어 스키마를 신체화하는 것은 기대할 수 없다. **영어 스키마는 쓰기 연습으로 만들어갈 수 있다.**

쓰기는 자기 피드백이 매우 유효하다

말하기는 즉각적인 피드백을 주지 않으면 효과가 없지만, 쓰기라면 학생이 쓴 영어 작문에 교사가 한 사람씩 피드백을 줄 수 있다. 작문도 계속 쓰기만 해서는 향상되지 않는다. 그런 의미에서 교사의 피드백이 매우 중요하고 유효하다.

하지만 학습자가 쓴 다음 다시 읽고 스스로 음미하는 습관을 기르는 것이 더욱 중요하다. 이 책에서 언급해온 인간의 인지적 버릇을 고려해보면 스스로 문제점을 의식하고 재검토한 후 사전이나 코퍼스 등으로 조사하지 않는 한, 교사의 피드백은 그냥 흘려버릴 가능성이 농후하다. 일본어 스키마에 바탕을 두고 작성한 영어에 대해 교사가 오류를 지적하고 정답을 써준다. 학습자는 그때 당시에는 '그렇군!'하고 납득해도 결국 일본어 스키마에 지고 말기 때문에 교사의 지적은 정착되지 않는다. 그것이 인간이라는 존재다.

결국 아무리 영어 실력을 향상시키고 싶다는 의욕에 **넘쳐도 영어는 선생님이 가르쳐주는 것, 배운 내용을 암기하는 것이라는 의식을 가지고 학습하는 한, 자신이 전하고 싶은 내용을 자유자재로 표현해낼 수 있는 진정한 영어 실력은 갖춰지지 않는다.**

나는 영어로 논문을 쓰면 최소 세 번은 다시 읽어야 한다는 생각을 지니고 있다. 첫 번째는 말하고 싶은 바를 전하기 위해 좀 더 좋은 표현이 없는지를 고심한다. 똑같은 내용을 표현하는 상황이더라도 좀 더 나은 다른 표현이 있는지를 검토하는 것이다. 그다음 두 번째는 자신이 약하다 생각되는 관사나 복수형에만 주목해서 다시 한번 체크하고, 마지막으로 주어와 동사의 숫자상 일치(주어가 3인칭 단수 현재일 때 동사의 어미에 -s가 붙어있는지)와 시제에만 주목하며 세 번째 검토를 한다. 관사나 숫자의 일치 문제는 일본인 화자가 상당히 이해하기 어려울 뿐 아니라 주의하지 않으면 그런 것들이 붙어있지 않은 명사만 달랑 나오는 문장을 만들어버릴 수 있다.

이런 '나쁜 버릇'은 의식해서 주의를 기울이지 않으면 절대로 고쳐지지 않는다. 이런 상황에서 어떤 단어나 구를 사용해 어떤 구문으로 표현해야 할지에 관한 이른바 '내용 표현'이나 자잘한 문법 요소에 동시에 주의를 기울이기보다는, 한 회씩 별도의 관점에 따라 각각 집중해서 주의를 기울이는 편이 오류에 대한 인식을 용이하게 한다.

이런 습관을 계속 반복하자 명사를 사용할 때 관사에 주의를 기울이는 버릇이 차츰 생기기 시작했다. 그러자 단수·복수를 틀리지 않게 되었고 부정관사 a, 정관사 the, 무관사를 어떻게 구분해야 하는지도 감각적으로 알 수 있게 되었다. 지금은 학생들이 가산명사를 무관사 형태로 명사만 달랑 집어넣어 두면 너무나 마음이 편치 않다(하지만 그런데도 누군가로부터 교열을 받으면 때때로 수정사항이 첨부되어오기 때문에 완전히 원어민 감각에 도달한 상태는 아니다).

관사나 수의 일치, 전치사는 일본어 화자에게는 영원한 과제다. 그와 관련된 이론을 포함한 참고서는 허다하다. 그러나 **이런 이론을 말하기, 듣기 때 습관적으로 사**

용할 수 있도록 주의를 기울이면서 여하튼 많은 경험을 통해 직접 감각적으로 포착해갈 수밖에 없다. 요컨대 '숙서熟書' 연습을 오랫동안 반복하는 것이 영어를 말하고 쓸 수 있게 되기 위해 필수불가결하다.

말하기와 쓰기의 합리적인 학습법

종합적으로 생각해보면 '살아있는' 어휘의 심오한 지식이 길러지고 어느 정도 자유롭게 작문을 할 수 있게 될 때까지는 말하기보다 쓰기에 시간을 할애하는 편이 합리적이다.

'살아있는 지식'이 될 어휘를 늘리기 위해서든, 문법(특히 관사, 가산 · 불가산, 시제)을 자유자재로 구사할 수 있게 되기 위해서든, 우선 일본어와 상이한 영어 스키마에 대해 인식하고 습관적으로 주의를 기울일 수 있도록 정보 처리 시스템을 구축할 필요가 있다.

그러려면 리얼 타임으로 계속 진행되는 말하기보다 오프라인 상태에서 주의를 기울이고 고심할 수 있는 쓰기 연습을 우선시해야 한다. 표현해내는 연습은 필요하지만, 일본어 스키마의 어휘나 문법을 적용시키고 있다는 사실을 알아차리지 못한 채 아무리 말하는 연습, 쓰는 연습을 거듭해봐도 영어 스키마는 익혀지지 않고 영어로 자연스럽게 의미가 통하도록 표현해낼 수 없다. 처음에는 숙독·숙견·숙서로 어휘력을 배양하고 영어 스키마를 익히는 것을 학습의 최대 목표로 삼아야 한다.

쓰기가 자유롭게 가능해지면 말하기는 단시간에 집중적인 연습을 통해 숙달이 가능하다. 숙독, 숙견, 워드넷이나 코퍼스를 활용해 표현해낼 수 있는 어휘를 늘리고 외워둔 단어를 즉각 사용해 작문 연습을 한다. 무리하게 긴 문장을 쓸 필요는 없으며 심플한 구문의 짧은 문장이어도 좋다. 문장을 만드는 과정을 통해 정보처리가 심화되고 기억에 정착되기 쉬워진다.

이런 학습을 반복하다 보면 서서히 영어 스키마를 사용할 수 있게 되면서 영어가 숙달될 것이다. 그런 타이밍에서 제1언어로 영어가 일상적으로 사용되는 환경으로 단기간 유학을 떠나 현지 사람들과 최대한 많은 이야기기를 나눌 기회를 만들어 가능한 한 영어를 사용하는 연습을 한다. 이런 학습법이 매우 합리적이다.

영어가 모어가 아닌 화자 중 유럽인은 대체로 영어에 능숙하다. 하지만 유럽인들 중에서도 유독 핀란드인은 발군의 영어 실력을 자랑한다. 내가 아는 한 영어를 모어나 공용어로 삼지 않는 국가 가운데 세계에서 가장 국민들 영어 능력이 월등한 국가는 바로 핀란드다. 심지어 엘리트층만이 아니라 국민 모두가 능숙하다. 버스 운전사, 전철 기관사, 시골에 위치한 작은 상점 점원들조차 하나같이 영어를 자유롭게 구사한다.

실은 핀란드어는 영어와 상이한 어족에 속하기 때문에 영어와 문법이 유사하지 않고 단어도 영어로부터 추측되는 것이 한정적이다.

독일어나 스웨덴어, 네덜란드어는 핀란드어보다 훨씬 영어와 유사하다. 하지만 독일이나 스웨덴, 네덜란드에서는 가게나 호텔 프런트 등에서 정형적인 질문에만 답변해줄 뿐, 조금이라도 정형에서 벗어나거나 좀 더 구체적인 질문을 하면 더 이상 응대해주지 않는 경우가 있었다. 핀란드에서는 남녀노소, 대졸이든 아니든, 정형이든 변화구 질문이든, 내용적으로 구체적인 것이든 아니든 모든 사람이 제대로 된 답변을 해주었고 깊이 있는 대화도 가능했다. 언어적인 유사성이 미약한데도 일부 엘리트만이 아니라 거의 모든 국민이 영어를 구사할 수 있고 깊이 있는 토의까지 가능한 것은 분명 교육의 성과일 것이다.

핀란드 영어 교육의 비결은 무엇일까. 결국엔 문화적 필요성, 교육 정책과 실시 방식이 이치에 맞았기 때문이라는 말로 귀결된다.

문화·환경적 요인으로 중요한 것은 핀란드의 다언어 환경이다. 핀란드에서는 다언어 환경이 너무나 당연하며 그것이 매우 존중되고 있다. 핀란드어는 국민 대다수가 쓰는 공용어지만 스웨덴어도 공용어이며 준공용어인 사미Sami어나 그 이외의 언어도 매우 소중히 취급되고 있다. 내가 시찰한 보육원이나 초등학교에서 이름을 통해 추측해볼 때 순수한 핀란드인으로 여겨지는 아이들은 오히려 소수파에 불과했고 아프리카, 동유럽, 아시아, 중동 출신 아이들이 다수 존재했다. 그런 환경에서 영어를 공통어로 하는 것이 아니라 핀란드어를 중심에 두면서도 아이들이 각자 자신의 모어를 상실하지 않도록 보호자, 커뮤니티가 서로 도와주고 있었다.

핀란드에서는 어린이들이 바이링구얼, 트라이링구얼(세 가지 언어 화자)인 것이 당연했다. 내가 방문했던 유치원 선생님들은 스웨덴어, 핀란드어, 영어의 트라이링구얼이었다. 핀란드의 영어 교육 성공 비밀은 유아기부터 다언어 환경에서 자라나, 주위에 있는 성인들이 필요에 따라 언어를 바꿔가며 사용하고, 그런 와중에 영어는 모든 사람이 유창하게 할 수 있도록 영어를 사용할 수 있는 것이 당연해서 '공부해야 한다'라는 마음을 굳이 아이들이 가지지 않는다는 측면에도 있다고 생각한다.

또 하나의 환경 요인은 텔레비전TV이나 게임 등의 영상 미디어를 통해 아이들이 자연스럽게 어릴 적부터 영어에 노출되어있었다는 점이다. 핀란드 교육관계자에게 어째서 핀란드인은 영어를 잘하냐고 물어보았을 때 모든 사람이 가장 먼저 거론한 것이 바로 이 점이었다.

핀란드에서는 아이들이 좋아하는 매력적인 TV 프로그램을 그다지 만들지 않는다. 인구가 적기 때문에 채산성이 맞지 않는다고 한다. 그 대신 영국이나 미국에서 만들어진 영어 유아 프로그램은 다수 방영되고 있다. 유럽에서는 다른 나라에서 만들어진 TV 프로그램이 방영되는 것이 당연한 일이다. 단, 유아 프로그램을 방영할 때는 대체로 자기 나라 언어로 더빙판을 만들어 방송을 내보낸다고 한다. 그에 반해 핀란드에서는 유아 프로그램이라도 자막은 달지만, 더빙판을 만들지는 않는다. 요컨대 핀란드 아이들, 특히 글을 아직 읽을 수 없는 유아가 매력적인 유아용 TV프로그램을 보고 싶으면 외국어를 어떻게든 자력으로 이해하는 방법밖에 없는 것이다. 핀란드 아이에게 영어란 '공부의 대상'이 아니라 생활에 필요한 스킬 중 하나라는 소리다.

이야기가 이쯤 되면 우리 아이에게도 더빙판이 아닌 오리지널 영어 비디오를 많이 보여주겠다라고 생각할 보호자가 많아질 것 같다. 어쩌면 실제로 그것을 실천하고 있는 사람도 많을지 모른다. 그러나 여기서 중요한 것은 영어로 봐야 할 이유와 필요성이다.

일본어로 만들어진 재미있는 유아 프로그램이나 비디오가 많이 있는데 굳이 그걸 못 보게 하면서까지 영어 프로그램을 보라고 강요하면 아이들은 영어 자체가 싫어질 것이다. 그런 최악의 사태만은 피해야 한다.

또한 **일본어를 학습 언어로 삼고 있는 학교에서 배울**

경우, 일본어 기반이 제대로 되어있지 않으면 학력은 신장되지 않는다. 유아기에 일본어로 읽고 쓰기를 가르칠 필요는 전혀 없지만, 일상적인 대화나 그림책 읽어주기 등을 통해 양질의 일본어 인풋을 최대한 제공하면 아이들에게 일본어 실력을 위한 기반을 만들어줄 수 있다. 이것이 초등학교 이후의 학업에 심대한 영향을 끼친다. 학교에서 잘 배우기 위해 '읽는 힘'은 필수적이지만 읽는 힘을 키우기 위해서는 유아기에(문자를 외우는 것이 아니라) 음성 언어로 일본어의 풍요로운 어휘와 일본어 스키마를 길러주는 것이 무엇보다 중요하다.

유아기라는 짧고 소중한 시간 동안 아이들이 무엇을 배우는지가 가장 중요한데, 그러기 위해 성인들은 과연 어떤 환경을 제공해야 할까. ○○국에서 ○○법(메소드)이 효과를 거두고 있다는 정보를 참고로 하면서도 자신이 현재 살아가고 있는 환경 안에서 어떻게 하면 아이들이 가장 즐겁게, 가장 효율적으로 배울 수 있으며, 아이들이 성장한 이후의 행복으로도 이어질지에 대해 깊이 고민해보시길 바란다. 유아기에 다른 아이들보다 조금 더 먼저 영어 회화가 약간 가능해지는 것보다는 **성인이 된 이후 영어를 전문 레벨까지 끌어올릴 수 있는 방법을**

몸에 익히는 쪽이 최종적으로는 절대적으로 유리한 법이

다(유아기에 길러야 할 말의 힘이 무엇인지, 그것을 위해 부모가 무엇

을 해야 하는지는 졸저, 『부모와 아이가 함께 기르는 언어능력과 사고

력親子で育てる ことば力と思考力』[지쿠마쇼보筑摩書房]을 한번 읽

어봐 주길 바란다).

한편 여태까지 핀란드의 문화적 바탕에 대해 언급했는

데, 물론 초등학교부터 고등학교까지의 교육의 질이 좋

다는 사실 쪽이 국민의 탁월한 영어 실력에 더 많은 영향

을 끼쳤다. 핀란드 학교에서의 영어 교육은 어떻게 이루

어지고 있을까?

2019년에 핀란드에서 이루어진 초등학교에서 고등학

교까지의 영어 수업을 견학하고, 담당 교사들로부터 이

야기를 들을 수 있었다. 초등학교에서는 산수나 음악, 미

술 등의 수업에서 영어를 부분적으로 사용함으로써 영어

는 '공부하는 과목'이 아니라 '사용하기 위한 언어'라는 인

식을 아이들 내면에 길러준다. 동시에 영어 수업에서는

문법이나 어휘를 학습해간다. 교과서 각 장은 아이들의

생활에 밀착된 내용이다. 예를 들어 '드림 팀The Dream

Team'이라는 타이틀의 초등학교 4학년용(현행 제도에서는

영어 학습이 시작된 후 2년째) 교과서는 초등학교 4학년 남자

아이가 가족들이나 친구들과 공원에서 놀거나 동물원이나 치과의사 선생님을 찾아가거나 축구팀을 만드는 등, 영국에서의 일상생활을 엿볼 수 있는 대화 형식으로 각 장이 전개되고 있었다.

초등학교에서는 복잡한 문법을 외우는 것보다 어휘를 늘리는 것을 중시하기 때문에 텍스트에 나오는 문장들은 모두 평이하고 심플한 단문이다. 문법을 이른바 '문법'으로 가르치는 것이 아니라 일상적인 상황에서 사용할 수 있는 것에 주안점이 놓여있다. 일상적인 회화에서는 관계사절을 포함한 복잡한 문장은 거의 사용되지 않는다. 영어 수업에서는 관계대명사 등에 많은 시간을 사용하기보다는 친근한 테마에서 필요한 단어를 많이 다루고, 그런 단어들을 심플한 문장에서 사용하는 연습을 철저하게 하는 편이 좋다고 옛날부터 생각해왔는데, 핀란드 교과서는 그야말로 내가 생각했던 대로 구성되어있었다.

어휘를 늘리기 위해 교과서와는 별도로 워크북이 있었으며, 교과서 테마와 관련된 단어를 모아 그런 단어들을 직접 써서 문장을 만드는 연습을 하도록 만들어져 있었다. 이것은 인지과학적 관점에서 보면 무척 이치에 맞는 학습법이다. 사람은 관련 개념을 통합적으로 학습하는 편이 산발적으로 학습하는 것보다 훨씬 효과적이고 기억에 유지하거나 꺼내기가 수월해진다. 이 책에서 몇 번이나 강조해왔던 것처럼 단어는 단독으로는 의미가 충분히 이해될 수 없다. 같은 개념 분야에 속한 유사한 의미의 단어와 대비함으로써 의미에 대한 이해가 심화되기 때문이다. 그런 의미에서도 동일한 분야의 단어를 한 번에 학습하는 편이 오히려 낫다.

교과서에서 사용되고 있는 문장은 구조적으로는 매우 단순한 것뿐이지만 예를 들어 'what, how, where'를 사용한 의문문이나 과거형, 현재진행형, 현재완료, 명사의 복수형, 동사와 수의 일치, 전치사 등, 그것이 없으면 자연스러운 영어가 되지 않는 기본적인 문법 항목은 영어 학습 초년도인 초등학교 3학년생 교과서에서도 적극적으로 다뤄지고 있었다. 이런 기본 문법이 다른 장면이나 테마를 다루는 다른 장에서도 거듭 반복적으로 사용되고 있었다. 이것도 이 책에서 언급해왔던 학습의 인지 메커니즘적 관점에서 매우 합리적이다. 일단 학습해서 이해되었다고 생각하고 있어도 학습 내용은 당장 정착되지 않는다. **정착시키기 위해서는 몇 번이고 반복해서 직접 실천하면서 반드시 연습해야 한다.** 그때 한자 반복 연습에서 자주 나오는 것처럼 같은 것을 몇 번이고 써서 반복하는 방식이 아니라 조금씩 문맥이나 장면 설정을 바꾼 형태로 연습하고, 혹은 상이한 상황에서 시간적으로도 약간 간격을 둔 다음에 이미 학습한 내용을 몇 번이고 반복해서 연습하는 편이 가장 습숙習熟에 유효하다. 이런 원칙이 핀란드 영어 교과서에서 고스란히 실현되고 있었기 때문에 탐복할 수밖에 없었다.

일상적인 장면에서 사용하는 영어, 요컨대 말하고 쓰기 위한 영어라는 스탠스는 중학교나 고등학교가 되어도 철저하다. 중학생과 고등학생용 교과서에서도 다뤄지는 장면 설정은 그 또래 아이들이 가질법한 관심사를 테마로 삼고 있다. 일본 고등학교 영어 교과서는 독해가 중심이라서 환경문제나 사회문제 등 상당히 고도의 전문적 문장을 다루지만, 내용이 너무 전문적이어서 그 밖의 일상적 커뮤니케이션에는 별로 도움이 되지 않는다. 오히려 평소 대화체에서 그러한 구문이나 어휘를 사용할 경우, 지나치게 형식적이어서 (혹은 지나치게 전문적이어서) 이상한 느낌을 준다. 반면에 핀란드 교과서에서는 고등학생용이라도 관계사절로 이어진 복잡한 구문은 거의 나오지 않는다. 문학이나 전문적인 논문에서만 찾아볼 수 있는 단어도 나오지 않는다. 하지만 다루는 어휘가 풍부해서 테마와 관련된 단어가 소개되거나 그와 유사한 단어도 워크북에서 소개되며 그런 것들을 사용해 여하튼 많은 문장을 만들어 직접 말을 해보거나 글을 써보기도 한다. 요컨대 '수용'이 아니라 '표현해내기'에 초점을 둔 교육이 행해지는 것이다.

　핀란드의 영어 교과서와 수업을 실제로 보고, 이 나라에서는 이 책에서 언급해왔던 인지 메커니즘에 따라 영어 교육을 시행하고 있다는 사실을 알게 되었고, 그렇기 때문에 핀란드 사람들이 모두 영어로 자신을 표현해낼 수 있다는 사실에 납득할 수 있었다.

10장
성인이 된 후에도
너무 늦지는 않다

이 책에서는 영어의 '합리적 학습 방식'을 기억, 주의, 정보처리, 지식을 중심으로 한 인지 과정을 통해 고찰해 왔다. 사람들 대부분은 영어를 자유자재로 표현해내기 에는 너무 늦어버렸다고 생각할지도 모른다. 본인은 이미 늦었으며, 자고로 언어란 어릴 때부터 배워 익히지 않으면 안 된다고 생각하고 있을 것이다. 그것은 대단히 잘못된 생각이다. 그 점을 독자들에게 잘 이해시키는 것이 이번 장의 목적이다.

영어 학습을 시작할 시기에 대한 지레짐작

아이들이 언어 습득에 매우 탁월하다는 점은 분명한 사실이다. 그러나 그 점으로부터 두 가지 잘못된 지레짐작(신화)이 탄생되었다.

지레짐작① 일본어가 모어인 아이를 영어에 (어떤 형식 으로든) 노출시키기만 하면 아이들이 일본어와 마찬가지로 영어도 즐겁게 습득할 거라는 지레짐작

지레짐작② 성인이 되면 더는 영어 습득이 제대로 안 될 거라는 지레짐작

이런 지레짐작은 굳이 과학적으로 검증하지 않아도 명백한 오류다. 요즘엔 고등학교를 졸업한 다음에야 일본어를 배우기 시작했음에도 훌륭하게 일본어를 구사하는 외국인들이 드물지 않기 때문이다. 유소년기를 해외에서 보낼 당시에는 현지 언어가 제법 유창했지만 일본에 돌아와 시간이 흐르면 해당 언어를 까맣게 잊어버리는 일본인도 상당하다.

어째서 이런 지레짐작이 생겨났을까. 사람들은 어떤 내용을 들으면 그것에 자신의 추론과 희망 사항을 섞어 확대해석한 후 지레짐작을 만드는 습성을 가지고 있다. 그것은 업이다. 어린아이들이 어째서 언어 학습에 탁월한지를 인지 구조를 통해 이해하지 않기 때문에 갖가지 억측이 신화를 낳아버리는 것이다.

언어 학습의 민감기

아이들에게 조기 영어 교육을 시키는 이점으로 가장 널리 알려진 것은 '듣는 힘'이다. 일본인에게는 귀로 들었을 때 영어의 r과 l의 구분이 어려운데 일본에서 자라난 아기들은 생후 10개월 무렵까지는 r과 l의 구별이 가능하고 그 후 구별해서 알아듣는 능력이 쇠퇴해버려 첫돌 무렵에는 구분해서 알아들을 수 없다는 사실을 앞서 언급했다. 또한 이것이 인지적인 정보처리로는 효율적인 방식이라는 사실도 설명했다. 사람들은 외계에 있는 정보를 모조리 취해 정보처리를 할 수는 없다. 바로 그 점이 대량의 정보를 받아들인 후 모조리 처리할 수 있는 인공지능AI과의 결정적 차이점이다. **인간이 뭔가를 학습해서 숙달한다는 것은 다양한 것들에 주의를 기울일 수 있게 된다는 의미가 아니다. 오히려 그 반대로 필요한 것에만 주의를 기울이게 되는 것이다.** 이것이 빠른 속도로 자동화되는 정보처리를 가능하게 한다. 여기저기에 분산해서 주의를 기울이는 것이 아니라 가장 중요한 정보원에만 주의를 집중시키는 것이 일을 잘하기 위해 필요하다. 이 점은 독자 여러분들도 경험상 잘 알고 있으리라 여겨진다. 7장에서 언급했던 것처럼 갓난아기는 모어 학습을 좀 더 효율적으로 진행하기 위해 모어에서 불필요한 음의 차이에 더는 주의를 기울이지 않아야 한다는 것을 학습하고 있다.

이 책의 2장에서 영어의 가산·불가산에 대해 거론했다. 대상을 셀 수 있는 것과 셀 수 없는 것으로 구별한다는 개념은 이해가 가능하지만, 일본인 화자는 이런 문법에 무척 취약하다. 그 근저에도 지금 문제가 되는 주의를 기울이는 방식이 연관되어있다.

가산·불가산 명사를 구별하는 문법 습득에도 음의 경우와 마찬가지로 민감한 시기가 과연 있는 걸까. 음을 학습할 때만큼은 아니더라도 어른들보다는 아이들이 이런 문법도 습득하기 수월하다. 영어권으로의 이주가 일곱 살 이전인 경우와 그 이후 경우를 비교해보면, 일곱 살 이전에 이주했을 때 가산·불가산 문법을 순간적으로 올바르게 파악할 수 있으며, 이주 당시의 연령이 올라감에 따라 가산·불가산 문법을 재빠르게 오류 없이 활용할 수 있는 능력은 조금씩 저하되어간다는 연구보고가 있다.

아이들은 명사가 나타나는 형태(단어 앞에 a가 붙는지, 혹은 어미에 s가 붙는지 여부)에 주목하고 그것을 통해 스스로 '가산·불가산의 의미'를 곰곰이 생각해가며 터득한다. 무의식적으로 명사를 '셀 수 있는 것'과 '셀 수 없는 것'으로 분류하고 명사를 사용할 때마다 그것을 문법적인 형태로 나타내기 위해 주의를 기울이는 시스템은, 어휘력이 부족한 유아기에 오히려 만들기 쉽다는 말일 것이다.

갓난아이일 때 영어에 노출되면 원어민처럼 될 수 있을까?

지금까지 갓난아이 시절부터 언어를 학습할 때의 이점에 대해 써왔기 때문에, 본인의 자녀분에게도 태어나자마자 영어를 가르쳐야겠다고 작심한 독자도 계실지 모른다. 하지만 영어를 모어로 하지 않는 아이에게 생후 곧바로 영어교육을 시작하면 그 어떤 환경이든, 그 어떤 방식이든 음을 구별해서 들을 수 있거나 영어 원어민 같은 문법 활용이 가능해질까. 결코 그렇지 않다. 예를 들어 r과 l을 구분할 수 있는 능력을 계속 지니게 하려면 DVD 등의 미디어를 시청하는 것만으로 부족하며 영어를 모어로 하는 화자와 대면 상태로 함께 놀면서 영어를 접하지 않으면 효과가 없다는 연구 결과도 있다.

요컨대 성인 일본인들에게는 이미 불가능한 미묘한 음의 구별이 가능해지려면 적어도 두 가지 조건이 충족되어야만 한다.

조건① 연령이 한 살 미만일 것

조건② 한 주에 몇 번이고 영어 모어 화자와 대면 상태로 놀 수 있는 기회가 있을 것(비디오나 원격만으로 접해서는 효과를 기대할 수 없다).

핀란드 아이들은 분명 영어 TV 프로그램이나 비디오를 많이 보면서 영어의 음에 익숙해져 있지만, 핀란드어에 없는 영어 음소까지 정확하게 구분할 수 있게 되었다고는 생각하기 어렵다.

단, 영어 음소가 영어 모어 화자처럼 발음이 불가능하더라도 실제로는 그다지 문제가 없다. 핀란드의 유치원을 방문했을 때 가장 감동했던 것이 유치원 선생님들이 매우 심화된 지식과 영어 실력을 갖췄다는 점이었다. 보육 지침이나 실천에 대해 매우 전문적이고 심오한 이야기를 영어로 해주었다. 영어 발음에 외국인 어투가 없었던 것은 아니다. 외국인이 하는 영어임을 알 수 있는 특유의 어색함이 있었고 때때로 단어가 막혀 잠시 머뭇거리는 경우도 있었다. 그렇긴 하지만 이야기하는 내용이 농밀해서 고차원적인 이야기를 제대로 할 수 있었다. 발음이 원어민과 똑같거나 원어민과 비슷한 스피드로 유창하게 말을 할 수 있는 것보다 이쪽이 훨씬 중요하다.

나아가 중요한 포인트를 인지할 필요가 있다. 유아기부터 대면 상태로 영어 화자와 노는 것은 분명 아이가 영어에 친숙해지고 영어를 습득할 첫걸음이 될 것이다. 하지만 어린 시절 익힌 영어는 어차피 아이들 영어다. 유소년기에 영어를 모어로 하는 환경에서 지내고 현지 유치원을 가면 다섯 살 레벨의 대화는 할 수 있을 것이다. 하지만 언어 습득은 악기 연주나 스포츠와 마찬가지여서 해당 언어에 장기간, 지속적으로 노출되고 심지어 직접 그 언어를 계속 사용하지 않으면 해당 언어를 자유롭게 활용할 수 없다.

전문가 레벨에서 사용할 수 있는 영어 습득을 목표로 한다면 유소년기에만 투자를 집중해도 안 된다. 다섯 살에 아무리 좋은 발음으로 유창한 이야기를 한들 어차피 다섯 살 아이는 다섯 살의 지식 범위에서만 영어를 사용할 수 있을 뿐이다. 오히려 고등교육과 고등교육 이후에 자신이 직접 행하는 학습의 질과 양이 전문가에 도달할 수 있는가에 중대한 의미가 있다.

성인이 되고 나서도 늦지 않다

음의 학습에서 아이들이 성인보다 훨씬 탁월하다 해도 애당초 알고 있는 단어 숫자가 한정되어있으므로 귀에 들어오는 언어의 인풋 내용은 아이 레벨의 것들로 한정된다. 이에 반해 어른들은 일상적인 장면에서든 업무적인 상황에서든, 단어가 달랑 하나씩 제시된 상태에서 그것을 알아들어야만 할 상황은 일단 없다. 청취는 단어 레벨이 아니라 문장이나 절의 단위로 하기 마련이다.

또한 의미를 동반한 언어 정보를 들을 때 우리는 토픽에 대해 이미 가지고 있던 지식(스키마)으로 내용을 예측한다. 때문에 어휘와 토픽에 대한 스키마가 있으면, 설령 일본어에서 구별하지 않는 음소를 분간할 수 없더라도 실용적으로는 거의 문제가 되지 않는다. 청취가 어려운 것은 오히려 화제에 오른 주제에 대해 지식이 없거나 생소한 단어가 많이 나올 경우다. 이렇게 생각하면 r과 l의 구분을 태어나자마자 훈련하기보다는 어른이 되고 나서 어휘 학습을 하는 편이 청취에는 오히려 도움이 될 것이다.

가산·불가산이나 관사의 활용 방식에 관해 이 책에서 몇 번이나 언급해왔다. 가산·불가산 문법은 세계를 셀 수 있는 개념과 셀 수 없는 개념으로 분류하는 습관이 확립되어있어야만 활용이 가능하다. 하지만 일본어 화자는 애당초 그런 스키마를 가지고 있지 않다. 가산·불가산의 스키마를 만들어가면서 몸에 배어들게 하려면 간단한 '비결'이란 존재하지 않는다. 영어를 사용할 때 각각의 명사가 가산명사인지 불가산명사인지, 정관사를 사용해야 하는지 부정관사를 사용해야 하는지에 의식적으로 주의를 기울여, 일본어 베이스의 직감을 영어용으로 수정해가는 노력을 끊임없이 쌓아가는 수밖에 없다.

그러나 또 한 가지 중요한 비결이 있다. 어느 정도 가능해졌다면, 예컨대 대략 80퍼센트의 비율로 정확하게 사용할 수 있게 되었다면, **완벽함을 추구하려하지 말고 중요한 것은 어디까지나 글의 내용이라고 생각하며 어느 정도 마음을 접는 것**이 중요하다. 모처럼 귀중한 시간을 사용한다면 r과 l의 발음이나 가산·불가산이나 관사 사용법에서 완벽함을 추구하기보다는, 전달하고 싶은 내용이 제대로 잘 전달될 수 있도록 어휘력을 키우고, 나아가 똑같은 말을 하는 경우라도 최대한 상대방이 읽기 쉬운 글을 쓸 수 있는 표현력을 갈고 닦는 것에 주력하는 편이 훨씬 효율적이다.

가산·불가산, 관사, 시제 등의 사소한 오류는 영어 모어 화자에게 마지막에 가서 교정을 받을 수 있지만, 자신이 전달하고 싶은 내용을 상대방이 잘 이해할 수 있도록 애당초 글을 쓰지 않으면 제아무리 모어 화자라도 고칠 방도가 없다.

전문적인 레벨에서 흠잡을 데 없는 영어 표현력을 익

히기 위해서, 결국은 어휘다. 이 책에서 반복해서 언급해 왔던 것처럼, 바로바로 일본어로 바꿀 수 있는 정도에 그치는 단어의 개수는 중요하지 않다. 필요할 때 바로 기억 안에서 꺼내 어떤 구문에서 사용할 수 있는지를 판단할 수 있고, 그 문맥에서 사용하는 것이 자연스러우며, 그보다 나은 단어가 있는지 여부까지 판단할 수 있을 정도로 '살아있는' 지식을 동반한 단어들로 이루어진 어휘력을 지니는 것이 중요하다.

그런 어휘력은 학습 방법 여하에 따라 성인이 되고 나서도 충분히 습득이 가능하다. 오히려 아이들보다, 이미 여러 가지 지식을 가지고 있어서 다양한 것들과 관련시킬 수 있는 어른들에게 적합하다.

시작은 재빨리, 그다음엔 느긋하게

그런데 외국어 학습은 단기간 집중해서 하는 것이 좋을까. 아니면 오랫동안 계속하는 것이 나을까. 이와 관련된 질문을 자주 받는다. 이 문제에 대해서도 역시 아이가 모어를 어떻게 배우고 습득하는지를 생각하는 힌트로 삼아보자. 결론부터 말하자면 처음엔 집중해서 배우고, 그

이후에는 조금씩 간격을 두면서 느긋하게 배우는 것이
합리적이다.

인간은 기존에 이미 가지고 있던 지식과 새로운 지식
을 관련시켜가며 배울 때 가장 잘 배울 수 있다. 일정량
의 지식이 없으면 새로운 지식을 기존 지식과 연관시켜
지식의 시스템을 만들 수 없다. 실제로 아이가 모어를 배
울 때 처음엔 매우 느긋한 속도로밖에는 단어를 외울 수
없다. 단어를 거의 알지 못한 상태라면 새로운 단어를 외
우는 것이 매우 곤란하기 때문이다. 그러나 50글자 정도
단어를 배운 이후에는 단어를 외우는 스피드가 급속히
올라간다. 이미 외운 단어를 새로운 단어의 의미 추론에
활용할 수 있기 때문이다. 그 후 새로운 단어를 외우는
스피드가 서서히 안정적이게 된다. 새로운 단어를 어휘
에 첨가하면서 단어의 의미에 대한 기존 지식도 수정해
가며, 필요에 따라 개념 분야 전체도 수정할 수 있게 된
다. 새로운 항목을 더할 뿐만 아니라 지식 시스템 전체를
수정하면서 더더욱 치밀하게 만들어가는 단계에 돌입하
기 때문에 서둘러 새로운 지식을 늘려갈 때와 다른 인지
프로세스가 마음과 뇌 안에서 이루어지게 되는 것이다.

외국어를 학습할 때도 어느 정도 되는 지식이 애당초

없으면 아무 소용이 없다. 단어를 거의 알지 못하고 기초적인 문법도 알지 못하면 간단한 문장조차 말할 수 없고 글을 읽을 수도 없다. 그러므로, 학습을 막 시작했을 때는 집중적으로 학습하고 불완전하더라도 최소한의 문법과 단어로 구성된 일정량의 지식 시스템 구축을 급히 서두를 필요가 있다.

하지만 영어 단어를 일본어로 바꾸었을 뿐인 리스트를 암기하는 것은 시간 낭비다. 해당 단어가 동사라면 적어도 문장 통째로 외우고 구문과 함께 기억한다. 명사라면 그것이 부정관사 'a'나 복수형 's'와 함께 사용되는지, 무관사로 사용되는지도 함께 외운다. 형용사라면 수식하는 명사와 함께 기억해야 한다. 영일사전을 사용하는 것은 당연히 오케이다. 그렇지만 사전에 적힌 뜻을 읽을 때 스스로가 일본어 스키마라는 필터를 통해 해당하는 뜻을 해석하고 있을지도 모른다는 사실을 항상 의식하는 편이 낫다.

알고 있는 단어가 늘어나 영영사전이나 스켈 등의 짧은 문장을 비교적 수월하게 읽을 수 있게 되었다면 자신이 알고 있는 어휘 시스템을 도약대로 삼아 새로운 단어를 어휘에 첨가해가며 일본어 스키마와는 상이한 영어 스키마를 서서히 만들어가는 국면으로 전환한다. 여기서는 느긋하게, 그러나 지나치게 시간적 간격을 두지 말고 학습을 지속해가는 것이 중요하다. 시스템이 활발히 기능하기 시작해 안정된 국면에 접어들면 매일매일 지나치게 몰입해서 학습하기보다는 적절하게 시간 간격을 두면서 학습하는 편이 학습효과가 높다.

기억은 시간과 함께 반드시 줄어든다. 그러나 기억이 줄어들려고 할 때 (완전히 망각하기 전에) 이전에 기억한 것을 다시금 학습하면 학습 내용이 기존 지식과 연관되기 쉬워지며 기억도 정착해 좀 더 심오한 학습이 가능해진다. 단기간에 집중해서 주입하는 학습법을 집중 학습, 조금 간격을 두고 이전 학습 내용을 잊어버리려고 할 때 그것을 다시 떠올리면서 새로운 내용을 학습하는 방법을 간격 학습이라고 말한다. **장기적으로는 간격 학습 쪽이 기억을 유지하기 쉽고 심화된 지식을 얻을 수 있다.** 이점은 인지심리학 연구를 통해 명확히 밝혀지고 있다.

단, 너무 고지식하게 매일·매주 반드시 영어 공부를 해야 한다는 지나친 강박관념에 사로잡히는 것은 바람직하지 않다. 성인들은 바쁘다. 영어 학습만 하고 있을 수는 없는 노릇이다. 영어 학습 시간이 스트레스가 된다면,

그리고 지금 당장 영어를 사용하지 않으면 생활에 지장이 있을 정도의 절박한 상황이 아니라면, 과감히 한동안 쉬었다가 어느 정도 시간을 낼 수 있는 상황이 되면 학습을 재개한다. 그때 처음에는 조금 집중해서 시간을 할애한다. 이런 사이클을 반복하는 것도 괜찮다.

어쨌든 영어 학습에 완성은 존재하지 않는다. 언어능력은 어디까지라도 신장시킬 수 있다. 그러므로 **조급해하지 말고 느긋하게, 완벽함을 추구하지 않지만 그렇다고 타성에 젖어버리지도 않은 상태로, 즐기면서 좀 더 나은 학습법에 대해 고민하면서 계속할 것.** 그것이야말로 영어 학습 성공의 비결이다.

본편 마지막으로

달인이 되기 위해서는 감각과 직감을 연마하는 것이 중요하다. 감각과 직감은 오랜 기간의 훈련으로 지식이 머리가 아니라 몸의 일부가 되었을 때 비로소 얻어진다. 짧은 시간 동안 쉽사리 달인이 될 수는 없다. 하지만 그렇다고 실망하거나 풀이 죽을 필요는 없다. 무슨 일이든 숙달되기 위해서는 시간이 걸리기 마련이다.

물론 시간만 들인다고 능사는 아니다. 어떤 분야든 내키지 않은 상태로 시작하거나 집중하지 못한 채 하는 시늉만 하고 있으면 아무리 시간을 들여도 진전이 없다. 주의를 기울여 몰입하고 자신의 진보를 양식으로 삼아 자기 나름대로 학습 방법을 만들어 계속 배워가는 사람들이 달인이 된다.

영어도 마찬가지다. 독자 여러분들도 초조해하지 말고, 위축되지 말고 자신의 목적에 맞춰 느긋하게 '깨어있는 마음으로' 계속해가길 바란다.

말은 심오하며 흥미롭다. 자격을 취득하기 위해, 혹은 희망하는 대학에 합격하겠다는 목적만으로 영어를 공부한다는 것은 매우 아까운 일이다. 졸저,『말과 사고』에서 말이 얼마나 다양하게 세계를 재단한 후 분류하고 정리해가는지에 대해 언급했었다. 영어(혹은 그 이외의 외국어)를 배움으로써 스스로 익숙해진 나머지 당연하다고 생각했던 세계를 파악하는 방식, 재단 방식의 독특함에 대해서도 인지할 수 있다.

우리가 일본어를 통해 '마찬가지'라고 인식하고 있었던 것, 예를 들어 '부끄러운 사건'과 '부끄럼장이의 성격'이나, 모자를 '쓰는 동작'과 '쓴 상태', 이런 것들은 영어 화

자에게는 '마찬가지'가 아니라 말로 확실히 구별해야 할 '다른 점'이라는 사실을 알아차리는 계기가 되었다.

추상적인 개념도 마찬가지다. 추상명사는 더더욱 직접적으로 해당 문화의 세계관을 반영하고 있다. 'justice'나 'liberty' 같은 단어를 일본적인 감각으로 일본어의 '정의' '자유'라고 매칭해서 납득해버릴 것이 아니라, 각각의 단어가 사용되는 문맥이나 공기共起하는 말, 관련어 네트워크를 조사해보면 그것을 통해 영국 (그리고 그것을 계승한 나라들) 문화의 가치관이 보이게 된다. 그것은 일본어와 일본문화를 좀 더 깊숙이 아는 것, 인간의 문화가 지닌 다양성을 이해하는 것으로도 이어진다.

모처럼 많은 시간을 들여 외국어를 배운다면 충분히 즐겨야 한다. 만약 그럴 수 없다면 너무 아까운 일이다.

탐구 실천편

여기부터는 영어 스키마를 익히기 위한 연습문제와 그 탐구 사례를 소개하겠다. 본편에서도 언급했던 것처럼 이것만 했다고 '영어가 완벽!'해지는 것은 물론 아니다. 우선 첫발을 내딛기 위해 이런 것부터 시작하면 어떨까 하는 제안이다.

영어를 어느 정도 자유자재로 표현해낼 수 있게 되려면 중요한 핵심 요령을 다양한 각도에서 짚어볼 필요가 있다. 정보를 얻겠다는 목적뿐이라면 구문 해석이 가능할 정도의 문법 지식과 명사 어휘(특히 해당 분야에서 자주 사용되는 단어)를 많이 알고 있으면 전반적인 목적은 달성할 수 있다. 하지만 영어로 상대방과 교섭하거나 정보를 발신하려면 문법만 가능해도 안 되고, 의학이나 경제학 등 특정 분야의 전문용어만 숙지하고 있어도 불가능하다.

명사, 동사, 형용사, 부사 등의 품사는 어느 정도 사용할 수 있어야 한다. 영어에서는 전치사도 필수적이라 동사나 명사와 조합해서 문장을 만들 때 열쇠가 된다. 반복해서 언급해왔던 것처럼 어휘가 충분히 갖춰져 있지 않으면 작문할 수 없다. 그러나 어휘 지식은 한도 끝도 없다. 각각의 단어를 자유자재로 활용하기 위해 필요한 '빙산 수면 아래의 지식'까지 포함해, 모든 의미를 모조리 말로 기술하는 것은 그 어떤 서적이나 사전으로도 불가능하다.

우리 인간들은 추론에 의해 지식을 스스로 증식시켜가는 저력을 지니고 있다. 때문에, 아이들은 모어를 어른들에게서 배우는 것이 아니라 자기 힘으로 배워나갈 수 있다. 외국어를 제2의 언어로 배울 때도 마찬가지다. **추론에 의해 스스로 어휘를 계속 확장시켜갈 수 있다.** 이때 중요한 것은 유추(아날로지analogy)에 의한 일반화다. 이미 알고 있는 지식을 그것과 유사한 것의 학습에 활용한다. **언어에는 항상 패턴이 있다.** 절대적인 규칙이 아니라 규칙으로써 언어로 명확히 기술하는 것이 어려운 패턴이다. 바로 그런 패턴에 대한 지식이 스키마다.

'탐구 실천편'에서는 우선 문장을 만드는 데 필요한 요소들, 예를 들어 동사, 수식어, 명사, 전치사 등에 대해 다루며 각각에 연습문제를 준비했다. 명사를 사용하기 위해서는 가산·불가산 문법과의 링크가 절대적으로 필요하므로 그것을 탐구하기 위한 연습문제도 포함시켰다. 각각의 품사에서 지금 자신이 쓰려는 내용을 표현할 때 가장 적합한 단어를 발견할 수 있는 핵심 요령을 습득할 수 있다면, 이 책을 다 읽은 후에도 필요에 따라 새로운 단어를 익히고, 알고 있던 단어뿐만 아니라 생소한 단어에 대해서도 빙산의 수면 아래의 지식을 스스로 배양시킬 수 있을 것이다. 이런 지식이 축적되면 개개의 단어에 대한 지식을 뛰어넘은 스키마가 성장한다. 모어 스키마와는 다른, 그야말로 영어 스키마가 길러지는 것이다. 그것을 활용하여 유추를 거듭해 '사용할 수 있는 살아있는 지식'을 동반한 어휘를 길러가는 선순환을 만들어갈 수 있다. '탐구 실천편'에서는 그런 긍정적인 선순환을 만들어가기 위해 단서가 될 만한 단어군을 뽑았다.

특별히 별도의 단서를 달지 않는 한, 이하의 설명이나 연습문제에서 사용하는 영어문장은 스켈과 코카 코퍼스에서 채용했다. 예문을 사용하면 설령 모어 화자라도 확증편향이 작용해 자신의 가설이나 이론에 적합한 용례만 떠올려버릴 우려가 있어서 최근의 언어연구에서는 문장이 얼마나 자연스러운지를 판단할 때 코퍼스를 사용하는 추세다. 하지만 코퍼스의 예문과 글자 하나하나까지 동일하면 생각하기도 전에 정답을 인지해버리기 때문에, 그것을 미연에 방지하기 위해 약간 바꿨다.

본편에서도 언급했던 것처럼 코퍼스는 갈수록 진화하

고 있다. 인터페이스나 분석 기능도 수시로 갱신되고 있으며 코퍼스의 데이터 자체도 계속 증가하고 있다. 따라서 독자가 실제로 코퍼스를 사용해 연습 문제를 해봤을 때, 이 책과 다소 다른 화면이 나타날 수도 있고 빈도수나 공기어 순번이 다른 경우도 있다. 하지만 기본적으로는 좀 더 사용하기 쉽게 기능이 추가되거나 통합되는 변화이기 때문에 탄력적으로 대응해주길 바란다. 빈도 역시 절대적인 숫자가 중요한 것이 아니라 전체적인 경향을 거시적으로 파악하는 것을 목적으로 삼아 데이터의 의미를 파악해주길 바란다.

【탐구1】 적절한 동사 선택하기(1)-주어·목적어에 주목

우선 일본어 의미로 인해 혼동하기 쉬운 기본 동사의 사용방식을 탐색하는 법을 파악하기 위해 '배우다·학습하다'라는 개념을 나타내는 동사를 구별해서 사용해보는 것에서 시작하자.

[연습문제] 처음엔 간단한 영작문에서부터 출발하자. 다음의 (1)에서 (5)까지를 각각 동사 'study'나 'learn' 중의 하나를 사용해 영어문장으로 만들어보자.

(1) 아이들은 말을 빨리 배운다.

(2) 나는 대학에서 화학을 배운 적이 있다.

(3) 나는 경험을 통해 많은 것을 배웠다.

(4) A: 독일어 잘하네요. 어디서 배운 거지요?

　　 B: 어린 시절 독일에서 살아서 거기서 배웠습니다.

(5) A: 중국어를 잘하시네요. 어디서 배우신 거지요?

　　 B: 베이징에 있는 대학에서 4년 동안 배웠습니다.

정답의 용례는 '탐구 실천편'의 말미에 실었는데, 정답만 확인하고 끝내지 말고 두 가지 동사의 의미적 차이를 깊이 파고들어 가 탐구한다. 이를 통해 스스로 표현해낼 때 실질적으로 활용할 수 있는 지식이 될 것이다. 여기서는 5장에서 소개했던 스켈이라는 코퍼스를 사용해보자. 'learn'과 'study'를 검색하기 위해 스켈을 따로따로 가동해 각각의 단어를 입력한다.

'study'에는 동사와 명사가 있으며 Examples 을 보면 양쪽 모두 섞여있기에 동사의 용례만 표시되게 한다. Word sketch 에서 품사를 고를 수 있으므로 우선 메뉴에서 Word sketch 를 고른다. Word sketch 페이지에서 switch to study(verb) 라고 표시되어있으면 현재 보고 있는 페이지가 명사 'study'라는 소리이기 때문에 switch to study(verb) 를 클릭해 동사의 Word sketch 를 살펴보자.

'study'와 'learn'의 페이지를 각각 보고, subject of study/learn 과 object of study/learn 을 살펴본다. 두 개의 동사가 취하는 주어, 목적어가 어떻게 다를까?

'study'의 주어는 'scientist, scholar, researcher, psychologist, anthropologist'처럼 이른바 연구자가 많다. 이에 비해 'learn'의 주어는 'student, child, machine' 등

이 있다*. 그러고 보니 AI 학습, 요컨대 기계학습에 대해 'machine learning'이라고는 하지만, 'machine studying' 이라고는 하지 않는다. 이것도 'learn'과 'study'의 의미적 차이를 고려할 때 중요한 점이다. **기계(AI)는 'learn'은 가능하지만 'study'는 불가능하다**는 말이다.

목적어도 'learn'과 'study'가 각각 매우 다르다. 'learn' 의 목적어는 'lesson, skill, language' 등 구체적인 콘텐츠 가 아니라 절차라든가 기능 같은 것이 많다. 이에 반해 'study'는 'art, medicine, history'가 제시되어있어서 학문 영역이 대상이 되고 있다.

수식어modifiers도 의미를 생각해야 할 상황에서는 중 요하다. 'study'를 수식하는 데 자주 사용되는 부사는 'ex-tensively, intensively, carefully, hard' 등 학습하는 태 도에 관한 예가 제시되고 있는 반면, 'learn'은 'quickly, soon, fast, gradually' 등 속도를 나타내는 부사와 빈번히 사용되고 있음을 알 수 있다.

이번엔 5장에서 소개한 스켈의 풀버전 '스케치 엔진

* Word sketch 에서 'learn'의 주어를 보면 필두에 'lesson'이 제시되어있다. 이것은 기계적 처리에 의해 'Public health **lessons learned** from past disasters' 같은 용례를 카 운트하고 있기 때문으로, 실제로 주어로 나오지 않는 것도 리스트에 포함되어있는 경 우가 있으므로 주의할 필요가 있다.

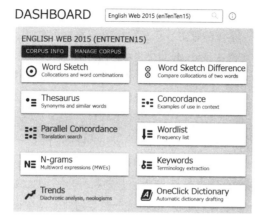

스케치 엔진 로그인 후의 화면

Sketch Engine'의 Word sketch Difference 라는 기능을 사용해보자. 어카운트를 만들어 스케치 엔진에 로그인하면 그림과 같은 인터페이스가 나온다.

오른쪽 상단 Word sketch Difference 를 선택해 'First lemma'에 'learn', 'Second lemma'에 'study'를 입력하면 두 번째의 그림과 같은 결과가 출력된다(참고로 lemma란 사전에 있는 단어의 표제어다. 예를 들어 동사라면 그 원형만이 아니라 활용형도 모두 포함된다). 위에서부터 초록색 부분은 주로, 오직 최초의 단어(여기서는 learn)랑만 함께 사용되기 쉬운 말(단어나 구), 하얀 부분은 어느 쪽 단어와도 함께 사용되는 말, 빨간 부분은 오직 두 번째 단어(여기서는 study)와 함

objects of "learn/study"

disability	57665	99	•••
lesson	125903	756	•••
skill	122013	960	•••
experience	104274	2045	•••
environment	81877	1840	•••
language	67085	13404	•••
art	12272	12832	•••
history	8851	17325	•••
science	8184	14237	•••
effect	1621	25237	•••
medicine	551	8191	•••
engineering	543	9512	•••

Word sketch Difference 의 표시 화면(부분)

께 출현하기 쉬운 말이다. 단어 옆에 두 개의 숫자가 있
는데 왼쪽 숫자는 최초의 단어study와 공기하는 빈도, 오
른쪽 숫자는 두 번째 단어study와 공기하는 빈도다. 이것
에 의해 공기어가 어느 정도의 빈도이며, 타깃이 된 두
단어의 어느 쪽에 얼마만큼이나 편중된 상태로 출현하고
있는지를 잘 알 수 있다. 오른쪽 끝의 '···'을 클릭하면 타
깃어와 공기어를 포함한 문장을 볼 수 있다.

전치사 사용법도 'learn'과 'study'의 차이를 단적으

로 드러낸다. 'learn'은 'from'이나 'through'와 사용되지만 'study'에서는 그것을 찾아볼 수 없다. 'learn from/through experience, learn from my parents'라는 식으로 표현되는데, 'study'에서는 그렇게 말할 수 없다. 배우려고 하는 의도가 없이 자연스럽게 익힌 경우나 누군가가 가르쳐주어서 배웠다고 말할 때는 'learn'을 사용한다. 그에 반해 'study'는 스스로 탐구하고 연구한다는 의미임을 알 수 있다.

'I am learning English'와 'I am studying English'는 **양쪽 모두 사용이 가능하지만 의미는 상당히 다르다.**

　영어는 'learn'과 'study'처럼 동사가 나타내는 행위가 의도적이 아니라 우발적, 혹은 자연스럽게 일어나버린 일인지, 아니면 의도적인지에 의해 동사를 구분해서 사용하는 경우가 많다. 이런 관점에서 적절한 선택에 주의해야 할 기본 동사에 'hear/listen'과 'see/look/watch'가 있다. 'hear'와 'listen'부터 살펴보도록 하자.

(연습문제)　다음에 나온 (1)부터 (10)의 [　]에 들어갈 동사는 'hear'와 'listen (to)' 중 어느 쪽일까. 있는 그대로 생각했을 때 좀 더 자연스러울 가능성이 높은 것은 어느 쪽일지에 대한 관점에서 생각해보길 바란다. 필요하면 전치사를 보완하고 동사를 적절한 형으로 바꾸어 [　]를 메우도록 하자.

(1) You should [　　] your internal voice to make the decision about your future.

(2) I [　　] the news of the prime minister's resignation with great surprise.

(3) I [　　] my grandfather's story about his experience

with much interest.

(4) I [   ] a scream by a young woman around 2 AM
last night.

(5) I am so glad to [   ] the good news!

(6) I have not seen or [   ] anything more suspicious.

(7) Please [   ] what I will tell you carefully.

(8) I went to them all and watched and [   ], and
made my own judgements.

(9) The Rolling Stones are a fun band to [   ] and
watch.

(탐구 힌트) 유의어 관계에 있는 동사 간의 차이점을 조
사할 때 유익한 힌트 중 하나는 각각의 동사에 대한 수식
어다. 스켈의 │Word sketch│에서 │modifiers│를 살펴보
자. 'hear'의 수식어에서 상위는 'ever, never, before, first'
등이다. 이에 반해 'listen'의 수식어 중 상위는 'intently,
attentively, carefully' 등이다. 각각의 단어를 클릭하면
타깃어와 공기어를 포함한 예문이 표시된다.

Did you **ever hear** such a thing?

I had **never heard** the song before.

When I **first heard** this song by Bob Dylan, I was shocked.

We were all quiet and ready to **listen intently**.

They ask intelligent questions and **listen attentively** to your responses.

Listen carefully and answer politely and properly.

(탐구 힌트) 병렬해서 사용되는 단어도 의미가 가진 뉘앙스를 파악하는데 도움이 되는 경우가 많다. 비슷한 의미를 가진 단어와 대비시키거나 반대의 의미를 가진 단어와 세트로 사용되는 용례가 많기 때문이다. 스켈에서 'hear'를 검색한 후, Word sketch 를 본다. words and 의 항목에서는 타깃이 된 단어가 먼저 나오고 리스트에 나온 단어가 그다음에 나오도록 되어있으며, 그 아래의 or hear 의 항목에서는 리스트로 나온 단어가 맨 먼저고 타깃(여기서는 hear)이 그다음에 나오도록 병렬되어있다. words and 라고 되어있는 쪽이 'and'로 이어져 있고, or hear 쪽이 'or'로 이어져 있을 거라고 생각할지도 모르지만, 실은 그렇지 않아서 양쪽 모두 'and, or'의 양쪽

문장이 나와있으며, 구별되어있는 것은 타깃 단어가 먼저 나오는지, 아니면 나중에 나오는지의 문제인 듯하다. 'hear'를 타깃으로 하면 어느 쪽 순번이든 병렬어 톱은 'see'다.

The cat is likely within **hearing** or **seeing** distance of you.

Did anyone ever **hear** or **see** any explosions?

She was never **seen** or **heard** from again.

이번엔 'listen'을 타깃으로 삼아 Word sketch 에서 words and 와 or listen 을 살펴보자. 'hear'와는 또 다른 패턴이 보이기 시작한다. 병렬해서 사용되고 있는 시각 관련 동사는 'hear'였을 때는 'see'였지만, 'listen'에서는 'watch'다.

My job is to **watch** and **listen**, not read.

Watch, listen, and become inspired!

다음 문장도 'watch+listen'으로 스켈에 올라와 있었다.

I will start slowly, **watching, listening** and learning.

'listen'과 빈번히 병렬되는 동사에 'learn'이 있다. 위의
문장에서는 'watch, listen, learn'이 함께 사용되고 있다.
**배우기learn 위해서는 'see/hear'가 아니라 'watch/listen'
이 필요하다**는 말이 된다.

다음 문장에서는 'listen'과 'hear'이 병렬해서 사용되고 있
어서 동사 둘의 의미적 차이가 한층 명확히 드러나 있다.

He **listened, heard** nothing more, and forgot about it.

This is done by really **listening** and not merely **hear-
ing** what others are sharing.

'hear'와 'listen'의 차이는 'see'와 'watch'의 차이에 대응
하고 있다는 사실을 알 수 있었다. 그런데 '보다'라는 일
본어에 대응하는 영어 동사에는 'see'와 'watch' 이외에
'look'도 있다. 'look'은 'see, watch'와 각각 어떻게 다른
걸까.

(연습문제) 보사노바의 명곡 〈이파네마에서 온 소녀The Girl From Ipanema〉를 들어보신 적이 있으실까. 멋진 아가씨의 모습에 애를 태우며 그녀의 자태를 매 순간 필사적으로 바라보지만, 그녀는 앞만 똑바로 바라볼 뿐 전혀 이쪽으로 눈길조차 주지 않기에, 그녀에게 미소를 건네보려 하지만 소용이 없다는 곡이다. 이 가사의 영어판(프랭크 시나트라의 앨범《Nothing But the Best》에서 발췌)에서 가져온 이하의 세 문장 각각에 'watch, see, look' 중 어느 것을 넣을지 생각해보자.

(10) I [　] her so sadly(나는 애타는 마음으로 그녀를 계속 바라보고 있다)

(11) But each day, when she walks to the sea//She
[　] straight ahead, not at me(하지만 바다를 보고 있는 그녀는 언제나 똑바로 앞만 바라볼 뿐, 나에게는 눈길조차 주지 않는다)

(12) When she passes, I smile//But she doesn't [　](그녀가 스쳐 지나갈 때 나는 웃음을 건네려하지만 그녀의 눈에는 보이지 않는다)

연습문제 1장에서 비행기 안에서 내가 잠든 사이에 나도 모르게 떨어뜨려 좌석 밑에 들어가 버린 오렌지색 프레임의 안경을 정비사service people가 찾아보았지만 찾을 수 없었다는 경험을 소개했다. 그 상황을 영어로 말하려고 할 때 다음의 [   ]에 들어갈 동사는 무엇일까.

(13) The service people [   ] into the space under the
    seat, but they did not [   ] my glasses.

발전과제 애당초 'see, watch'는 타동사로 목적어를 직접 취할 수 있다. 'look'은 드문 예외를 제외하고 자동사로 쓰인다. 동사가 자동사, 타동사라는 문법상의 차이점은 의미적 차이와 큰 연관성을 가지게 된다. 'look'은 대상을 '인식'하는 것보다 '보는 행위' 자체가 주안이 된다.

Look at children while they are walking.

예를 들어 위에 나온 'look at'을 'watch'로 바꾸어 아래와 같이 표현하면 문장의 의미(문장이 그려내는 상황)는 어떻게 변할까? 생각해보자.

Watch children while they are walking.

　아울러 'look'은 주체가 '보는' 것만이 아니라 외부로부터 '보이다'라는 의미로도 사용한다. 오히려 그런 사용법이 빈도가 높을지도 모른다. 스켈의 Examples 에서 확인해보자.

발전과제　'learn'과 'study'의 차이, 'see, look, watch'의 차이에 대해 이해가 되기 시작했다면 이번에는 '말하다' 관련의 동사를 사용하는 방식과 의미 차이에 대해 생각해보자. 'speak, talk, say, tell'은 어떻게 구분해서 사용할 수 있을까?

【탐구3】적절한 동사 선택하기(3)-인식을 표현하다

  일본어에서 '생각하다考える' '생각하다思う'라는 동사를 영어로 번역하고 싶을 때는 주의해야 한다. 일본어에서 '믿는다'라고 하면 '신의 존재를 믿습니까?'라든가 '그가 무사하다고 믿습니다'처럼 특정 문맥에서 사용하는 경우가 많고, 그 이외에서는 '생각하다思う' '생각하다考える'를 사용하는 경우가 많다. 하지만 영어에서 비즈니스 리포트나 학술적인 기사를 쓸 때 'think, believe, know'를 명확히 구분해서 사용하지 않으면 상대방에게 오해를 받아 어려운 상황에 놓일지도 모른다.

  연습문제 [ ] 안에는 'think, believe, know' 중 무엇이 들어갈까. 문장이 이어지도록 동사의 시제나 활용형에 주의하며 필요하다면 전치사를 첨가해 [ ]를 메워보자. 스켈의 Word sketch 를 살펴보길 바란다. 특히 수식어나 words and or... 은 힌트가 된다.

  (1) Christians [ ] they will live with God after they die.

  (2) You need to [ ] long term when buying a house.

(3) My mother always told me that we must act, not just [   ] acting.

(4) We still [   ] very little about how the universe started.

(5) They are feeling anxious without [   ] why.

(6) I was able to solve the puzzle without really [   ] it.

(7) When I saw the car rushing toward my bicycle, I really [   ] I was going to die.

(8) I firmly [   ] that this candidate is the best for the job. [힌트: 부사에 주목]

(9) He denied [   ] who committed the robbery.

(10) Results are typically [   ] within 5 months. [힌트: 문장의 의미는 '5개월 이내에 결과를 알 수 있습니다']

(11) I strongly [   ] that there is room for improvement here. [힌트: 부사에 주목]

(12) He stopped and [   ] for a moment. [힌트: stopped 와 함께 사용되는 것은?]

'안다'라는 것은 '발견한다' '이해한다' '인식한다'는 것과 이어져 있다.

발전과제 'know'를 '워드넷'에서 검색해보자. 가장 먼저 나오는 뜻에 'cognize'(미국식 철자; 병기되어있는 'cognise'는 영국식 철자)가 나와 있으며 '어떤 사실, 혹은 특정 정보를 알아차리고 있는 것, 지식이나 정보를 가지고 있는 것'이라고 설명되고 있다. 나아가 'troponym'(6장 참조; 타깃 단어에 포함되어, 좀 더 상세한 개념에 대응하는 단어)을 살펴보면 두 번째 항목에 'recognize, realize, agnize'가 나온다.

recognize, recognise, realize, realise, agnize, agnise
(be fully aware or cognizant of)

'agnize'는 그다지 사용되지 않는 단어라고 생각하는데 (스켈에서 용례를 검색해봐도 네 가지 용례밖에 나오지 않을 정도로 빈도가 낮다), 'recognize, realize'는 자신의 지식의 형태, 요컨대 '이해 방식'을 적확하게 표현하기 위해 효율적으로 사용하고 싶은 단어다.

그래서 다음에서는 'find, realize, recognize'를 어떻게 적절히 구분해서 사용할지에 대해 생각해보도록 하자. 이 경우에도 스켈에서 목적어나 Word sketch 의 words and or... 항목을 살펴보고 함께 사용되는 유의어와 수

식어에 주목하면 좋을 것이다. (참고로 여기서 나는 '생각한다 思う'라고 쓰고 있는데 영어로 표현한다면 'think'가 아니라 'suggest' 가 좋을 것이다. '제안한다'와 관련된 동사 'propose, suggest, recommend, advise'도 비즈니스나 학술 보고서에서는 매우 중요하 기 때문에 【탐구4】에서 연습문제로 제시해둘 예정이다.)

(연습문제) [　] 안에는 'find, realize, recognize' 중 어 느 것이 들어갈까. 힌트로 'acknowledge, reward'라는 동사나 'independence'라는 명사와 함께 자주 사용되는 것은 어느 것일까. 'fully, suddenly' 등의 부사와 자주 사 용되는 것은 어느 것일까. 'search'나 'try' 등과 자주 나란 히 사용되는 것은 어느 것일까.

(13) She suddenly [　] that she was all wrong.

(14) Each group has [　] evidence to prove their ideas.

(15) They did not yet fully [　] what the results of their decision would be.

(16) John's great accomplishment in science should be

[　] and rewarded.

(17) I see, [　] and understand that I do not have to accept such condition.

(18) I will try and [　] the link.

(19) Spain finally [　] Mexico's independence in 1821.

(20) Teachers should acknowledge and [　] the effort by the students.

(21) She will search and [　] solutions to her problems.

(22) I hope you just [　] how important his words are for the peace of the world.

(23) Her great contribution to the discovery was not [　] 20 years ago but now everyone acknowledges her great achievement.

(24) The teacher will help students [　] scientifically valid information.

【탐구4】 적절한 동사 선택하기(4)-제안을 표현하다

　【탐구2】의 발전과제로 'speak, talk, say, tell' 등 일본어에서 '말하다' '이야기하다'에 해당되는 동사군을 구분해서 사용함으로써 이런 단어들의 의미적 차이를 탐색해볼 것을 제안했다. 그 연장선상에 일본어로 '제안하다'에 해당되는 'propose, suggest, recommend, advise' 등의 동사가 있다. 이런 동사들은 특히 고객에게 제안할 때 매우 중요한 단어들이다.

　한 가지 주의사항이 있다. 다른 문제도 그렇지만 복수의 선택지가 가능한 경우도 있다. 입시에서라면 복수 정답이 있을 경우, 출제 오류로 간주되지만 여기서는 해당 문맥에서 가장 개연성이 높은 것이 어느 것인지를 생각해보길 바란다. 혹은 동사가 바뀌면 의미가 어떻게 바뀌는지를 생각해보길 바란다. 결국 언어란 그런 것이다. 정답이 하나일 수는 없다. 동일한 내용을 말하고 싶을 때 다수의 표현이 가능하다. 하지만 그중에서 최선의 것이 무엇인지 진지하게 생각해보는 것이 글을 쓰는 프로가 할 일이며 그것에 조금이라도 접근하는데 코퍼스가 유용할 것이다.

(연습문제) AAA, BBB, CCC, DDD에 가장 적당한 것은 advise, propose, recommend, suggest 중 어느 것인지를 생각해 적절한 형태로 활용시켜서 [   ]에 넣어보자. 힌트: 일반적으로 동사를 구분해서 사용할 때 주어보다 목적어가 힌트가 되는 경우가 많은데 여기 나온 세 가지 동사를 구분하기 위해서는 주어도 힌트가 된다. 의사나 변호사 등 전문가가 주어가 될 때 사용하는 경우가 많은 것은 어느 동사일까. 위원회 같은 그룹이 주어가 될 때는 어느 동사일 경우가 많을까. 제언에 대해 가장 확신도가 낮은 것은 어느 것일까. 'evidence'가 보여주는 가능성이라고 말하고 싶을 때 사용해야 할 동사는 어느 것일까. 이론이나 변화, 새로운 법률, 방침 등을 제안할 때는 어떤 동사를 사용할까. 스켈의 Word sketch 에서 용례를 보면 알 수 있을 것이다.

(1) Several lines of evidence [AAA] that negative emotions can be damaging for your health.

(2) However, this [AAA] an alternative possibility.

(3) Nor, have I [AAA], implied or inferred that the

FDA(Food and Drug Administration, 미국식품의약품국)

should overlook safety issues.

(4) His lawyer [BBB] him to leave the country to avoid prosecution for bribery.

(5) Then, carefully consider the skills and experience in the profile of the specific consultant [BBB] you.

(6) The doctors [BBB] immediate treatment with chemotherapy and radiation.

(7) But all in all this is an excellent book, highly [CCC] for anyone interested in technology.

(8) The committee [CCC] that we accept the offer and says the resulting group will be better able to compete in world markets.

(9) The Law Commission has [CCC] the partial abolition of these rules.

(10) To explain the data above, two hypotheses were originally [DDD].

(11) Three changes for health care policies were [DDD] but never implemented.

(12) The university has [DDD] introducing a new degree in health science.

【탐구5】 수식어를 선택하다-빈도에 주목

본편 6장에서 장르별 빈도를 힌트로 비슷한 의미를 가진 단어 중에서 현재의 문맥(장르)에 적절한 것을 선택하는 방법을 소개했다. 단, 형용사나 부사 등의 수식어는 장르보다 수식하는 명사나 동사에 의존하는 경우가 많다.

모어 화자는 어떤 단어, 혹은 단어의 조합에 대해 그것이 어느 정도의 빈도로 사용되고 있는지를 감각적으로 이미 알고 있다. 예를 들어 일본어에서는 정도를 포함한 개념을 평가할 때 '크다-작다' '강하다-약하다' '높다-낮다' '넓다-좁다' 등 한 쌍이 되는 형용사를 사용하는데, 어떤 쌍을 여기에서 사용할지에 관해서는 명사에 따라 달라진다. '평가'나 '인기'나 '프라이드'에는 '높다-낮다'. '증거'에는 '강하다-약하다'. '수용'에는 '넓다-좁다', '태도'에는 '크다-작다'라는 형용사가 습관적으로 사용된다.

이런 직감을 비모어 화자들은 좀처럼 가질 수 없다. 그래서인지 유독 'very, much'만 사용해버린다. 구어체에서는 그래도 상관없지만, 비즈니스 문서나 논문 등에서 'very'만 사용하면 단조롭고 밋밋한 글로 보이거나 어휘가 부족하다는 사실을 상대방에게 간파당해버릴 우려가 있다.

이럴 때는 과연 어떻게 해야 할까. 우선은 다음에 나온 연습문제에 대해 생각해보길 바란다.

연습문제 이하의 내용을 영어로 표현할 때 형용사+영어의 자연스러운 조합은 어느 것일까. 대부분 양쪽 모두 무방하지만, 어느 조합이 좀 더 빈도가 높을지를 코퍼스에서 조사해보자.

(1) '강한 증거'는 'strong evidence'일까, 'big evidence'일까.
(2) '광범위하게 받아들여지고 있다'는 'widely accepted' 일까, 'highly accepted'일까, 아니면 'well accepted'일까.
(3) '굳은 의지'는 'hard will'일까, 'strong will'일까.
(4) '무척 흥미롭다'는 'highly interesting'일까, 'strongly interesting'일까, 아니면 'widely interesting'일까.

탐구 힌트 '격한 경쟁을 이겨내야 한다'라는 문장을 영어로 표현할 때, 어떤 형용사를 선택하면 좋을까? 인터넷에서 '격하다 영어'로 검색한 후 웨블리오의 일영사전을 보면 'tight, unsparing, exacting, stern, strict, rugged, tough, intense, acute, severe' 등 수많은 단어가 열거되어있다. 어쩌면 'hard, difficult' 등을 사용할 수 있을지도 모른다. 물론 아무것이나 써서는 안 될 것이다. 각각의 상황, 표현하고 싶은 의미에 따라 가장 적합한 형용사가 결정된다(가능한 형용사는 복수로 존재할지도 모르지만, 그 안에서도 각각의 의미는 미묘하게 달라진다). 일본어 화자가 '커다란 평가를 받는다'라고 일컬어졌다면 '뭐지?'라고 생각하며 다소 위화감을 느끼는 것처럼 'hard competition'이나 'severe competition'는 불가능한 표현까지는 아니지만, 영어 모어 화자는 약간의 위화감을 느끼며 'tough'나 'intense' 쪽이 더 낫다고 생각할지도 모른다.

하지만 이렇게 많은 후보 중에서 어떻게 적절히 선택해야 할까?

여기서도 코퍼스가 유용하다. '경쟁'은 'competition'이면 된다는 가정하에 스켈에서 'competition'을 타깃으로 삼아 검색해본다. Word sketch 를 클릭한 후 modifiers of competition 을 살펴보면, 'international'이나 'European'이 상위에 있다. 이것은 지극히 이해하기 쉬워서 '국제적인/유럽 안에서의 경쟁'이라는 의미로 사용한다. 그 외에 'stiff, fierce, intense, tough' 등의 형용사가 'competition'을 수식하는 형용사로 열거되어있다. '격하다'에 해당하는 영어로 친숙한 단어인 'severe'나 'hard'를 자칫 사용해버리기 쉽지만, 경쟁이 극심할 때는 'stiff'나 'fierce'가 자주 사용되고 있는 듯하다. 이런 형용사들을 여기서 사용할 수 있으면 영어 표현의 폭이 급격히 넓어진다.

참고로 'severe'나 'hard'는 사용할 수 있을까? 일본어에서는 '시비어severe한 경쟁' '하드한 경쟁'이라는 표현을 쓰기 때문에 자기도 모르게 쓰고 싶어지지만, 일본에서 만들어진 일본식 영어는 요주의 표현이다. 스켈에서는 단어 하나만이 아니라 구를 검색할 수 있다. (단 이것은 Examples 에만 국한되며, Word sketch 나 Similar words 는 단어 하나로밖에는 검색할 수 없다.) 'severe competition'을 검색어로 하면,

This industry is facing **severe competition** from Taiwan, India and South Korea.

등의 예문가 나오기 때문에 오케이라고 여겨진다. 하지만 여기서 확인해두고 싶은 것은 빈도다.

스켈의 Examples 에서는 가장 먼저 빈도 정보가 나

온다. 작아서 자칫 지나쳐버리기 쉽지만 참으로 유용하다. 'severe competition'의 빈도는 100만 어당 0.03건이 된다. 'tough competition'이 0.29건, 'fierce competition'이 0.4건이기 때문에 'severe competition'은 전형적인 표현은 아니라는 사실을 알 수 있다. 'hard competition'도 살펴보면, 이것은 0.02건이기 때문에 'severe competition'보다 더 빈도가 낮다.

　【탐구4】에서 'advise'와 'recommend'의 의미를 코퍼스의 공기共起 정보를 통해 조사한 독자는 '강하게 추천'이라고 말하고 싶을 때 어떤 부사가 함께 사용되는지 알아차렸을까? 스켈의 Word sketch 에서 살펴보면 'advise'와 공기하는 부사로 'strongly'는 올라와 있지만 'highly'는 나와 있지 않다. 'recommend' 쪽을 보면 'highly'와 'strongly'이 양쪽 모두 나와 있으며 'highly' 쪽이 먼저 나와 있다. 5장에서 소개했던 스켈의 (유료) 풀 버전 코퍼스, 스케치 엔진에 있는 Word Sketch Difference 기능에서 보면 더더욱 직접적으로 그런 사실을 알 수 있다. 그림은 Word Sketch Difference 기능에서 'First lemma'에 'recommend', 'Second lemma'에 'advise'를 입력해서 검색한 결과 일부다. 위로부터 'recommend'에서만 높은 빈도로

modifiers of "recommend/advise"

highly	91	0	•••
unreservedly	7	0	•••
thoroughly	17	0	•••
heartily	6	0	•••
therefore	43	12	•••
strongly	133	94	•••
well	10	128	•••
wrongly	0	4	•••
accordingly	0	5	•••
strenuously	0	4	•••
humbly	0	7	•••
ill	0	15	•••

공기하는 부사를 Word Sketch Difference 기능으로 비교한다

공기하는 단어(녹색), 'recommend'와 'advise'의 양쪽에서 동일한 정도로 공기하는 단어(흰색), 'advise'에서만 높은 빈도로 공기하는 단어(빨간색)가 나열되어있다(여기에 제시된 색깔은 코퍼스 검색 화면에 나타나는 색을 의미한다. -역주)(숫자는 검색 히트 건수).

형용사나 부사를 선택할 때는 의미적으로 가능한지 기준보다 **모어 화자가 자연스럽게 느끼는지, 아니면 위화감을 느끼는지를 중요하게 생각하길** 바란다. 그러려면 빈

도 정보에 주의를 기울이는 것이 중요하다. 모어 화자에 가까운 영어로 쓰거나 말하기 위해서는 수식어를 적절하게 사용하는 것이 필수적이지만 빈도에 대한 이런 정보가 사전에 수치화되어 적혀있는 경우는 거의 없다. 사진에 담겨있는 것은 자연스러운 표현이라기보다는 '가능한 표현'인 경우가 많다. 코퍼스의 빈도 정보를 활용해 형용사를 적절히 선택해 쓸 수 있는 스키마를 만들어가자.

【탐구6】 적절한 추상명사 선택하기

-공기하는 동사와 수식어에 주목

본편 5장에서 추상명사 'instinct'와 'intuition'의 의미 분석 방식을 소개했다. 그런 흐름에서 'instinct'는 열정적인 계통으로 감정과 관련된 단어, 'intuition'은 냉철한 계통으로 지식과 관련된 단어와 관련성이 있다는 이야기를 했다. 뭐든지 반복 연습이 필요하므로 'intuition' 'instinct'으로 연습했던 것을 확장해 조금 더 계속해서 탐구해보자.

（연습문제） 냉철한 계통에서 세 가지 단어를 뽑아낸다. 이하의 문장에 나오는 XXX, YYY, ZZZ에는 'insight, knowledge, wisdom' 중 어느 것이 적당할까.

First, determine whether the student has the prerequisite [XXX] and **skills**.

The old [XXX] was not **sufficient** anymore because a new and higher need had emerged during the last years.

This project will develop students' [XXX] and **understanding** of graphic design.

He is truly a bridge between **ancient** [YYY] and the modern mind.

She inherited her mother's **intelligence**, [YYY] and temperament.

The **wit** and [YYY] of Oscar Wilde always seem to stand the test of time.

This [XXX] has been acquired by direct observation and **folk** [YYY] passed on from generation to generation.

I want God to grant me **divine** [YYY], intellect and understanding from above.

It has constructive creativity, precise observations, clear [ZZZs] and **inspiration**.

It offers **fascinating** [ZZZ] into the history of machine as well as hand-made lace.

I often read the article comments for **valuable** [ZZZs] beyond the article.

여기서도 특히 주목하면 좋을 것은 타깃이 된 명사와 관련된 수식어와 타깃과 병렬해서 사용되는 단어다.

'devine'이나 'God' 등 종교와 관련된 단어나 'wit'(기지)와 고빈도로 공기하는 단어는 세 개 중 어느 것일까. 'skill'이나 'expertise'(숙련)과 관계가 깊은 단어는 어느 것일까. 'inspiration'과 관련성이 깊은 단어는 어느 것일까. 그리고 'fascinating'이나 'valuable' 등의 단어로 수식되는 경우가 많은 단어는 어느 것일까. 전치사 'into'와 조합되는 경우가 많은 단어는 어느 것일까(Word sketch 를 통해서 알 수는 없지만, 용례를 살피다 보면 금방 알 수 있을 것이다).

다음으로 instinct를 통해 확보된 열정적인 감정이나 충동을 나타내는 단어의 의미를 서로 간의 대비를 통해 생각해보자.

연습문제 이하의 문장에서 AAA, BBB, CCC에 해당되는 것은 'urge, impulse, desire' 중 어느 것인지를 생각해보자.

It might be said that the entire region always had a **burning** [AAA] for peace.

Can we be happy if we suppress all our **passions** and [AAAs]?

Anger and **fear** conflicted with her [AAA] to believe that Linda was telling the truth.

It's paradise where all [AAAs] will be **satisfied**.

Try to **resist** the [BBB] to settle for the easy solution.

Children are invited to let their **creative** [BBBs] run wild at the new community art center.

For some reason, he had an **overwhelming** [BBB] to shout something terrible at them.

There seems to be a universal **human** [BBB] to discover truth.

Microphones convert sound waves into electrical [CCCs] that **travel** down wires to recording devices.

As I looked his way, I felt an **irresistible** [CCC] to laugh aloud.

If you want to stick to your budget, you'll need to avoid [CCC] **buys**.

Think carefully before responding. You don't want to risk your friendship by **acting on** [CCC].

(탐구 힌트) 'fear, anger' 등과 나란히 기본적인 감정이라고 생각할 수 있는 것은 어느 것일까? (병렬 관계를 체크.) 충동 구매, 충동에 휩싸인 행동 등, 억제하기 어려운, 신체적인 반응으로서의 충동을 나타내는 단어는 어느 것일까? (실제로 이 단어는 뇌의 전기 신호에 대한 것도 가리킨다.) 이 세 가지 가운데 사소한 것에 대한 일상적인 충동, 욕구(want에 가까운)를 표현할 때는 어느 단어를 사용하는 것이 좋을까? 아트, 음악 등에 대한 강렬한 마음을 나타낼 때는 어느 것이 좋을까? 스켈의 Word sketch 를 통해 공기어 패턴을 보고 용례를 검토하고 고민해보길 바란다.

【탐구7】 전치사를 선택한다-전치사+명사의 연어에 주목

전치사 역시 학습자에게는 까다로운 대상이다. 일본어 모어 화자들로서는 일본어에 전치사가 없어서 유독 어렵다. 참고서나 해설서를 보면 각각의 전치사가 가진 '의미'에 대한 해설이 있다. 중심적인 의미(프로토타입prototype이나 코어라고 일컬어진다)를 이미지로 나타내고 그것을 통해 어떻게 의미가 확장되는지를 설명하는 것도 있다. 그런 설명을 알고 있어도 여전히 지금 자신이 표현하고 싶은 문장 속에서 'in'인지, 'at'인지, 'on'인지 헷갈리는 경우가 많다.

우선 연습문제부터 시작해보자.

(연습문제) [ ]에 'at, in, on' 중에서 가장 적당한 전치사를 넣어보자.

(1) What you should remember are basically the terms I gave [ ] the previous page.

(2) Your name appears quite regularly [ ] the financial pages.

(3) Don't stop reading [ ] page one or two.

(4) Only four players were permitted in the room [　] a time.

(5) [　] a time of economic crisis, research funding is significantly cut down.

(탐구 힌트) 'page' 'time'이라는 명사를 타깃으로 해서 코퍼스를 사용하면서 검색해가자.

"공항에서 시의 중심부까지의 교통수단에 관한 정보는 10쪽에 적혀있다"라고 말하고 싶다고 치자.

You can find the information about the transportation to the city center from the airport [　　] page 10.

이때 [　　]에 들어갈 전치사는 'on, in, at' 중 어느 것일까?

스켈에서 'on page'를 검색어로 검색해보자. 빈도는 100만 어당 6.48이다. 예문을 살펴보면,

The document is further described **on page** 70.

Our market opinion is **on page** 5.

Further information is provided **on page** 8.

등, 쓰고 싶은 상황과 그대로인 예문이 많이 나왔기 때문에 'on page'면 될 것 같다. 그러나 일단은 'in page'에서도 검색해보자. 이쪽 빈도는 100만 어당 0.35 빈도이기 때문에 'on page'보다 훨씬 낮다. 심지어,

FB has acknowledged big drops **in page** visits.

Another award was for innovation **in page** design.

You should now see the iSite Enterprise log **in page**.

처럼, 'page'가 이어지는 명사의 수식어가 되어있거나 'log in page'처럼 'log in'의 덩어리가 'page'를 수식하고 있기도 해서 'X 페이지에'라는 사용법과는 완전히 다른 예문이 있다. 그러나,

This is explicitly noted **in page** 3 of the rules.

His opinion will be found in the footnote **in page** 217 of the report.

처럼, 'X 페이지에'에 상당한다고 생각되는 용례가 제로는 아니다. 모어 화자라도 'in'과 'on'을 구별할 때 미세한 망설임이 있을 수 있을지도 모른다. 여기서 어떤 사실을 알아차렸다.

Beware, however, of drowning yourself **in pages** of notes.

The list originally appears **in pages** with 100 funds per page.

As such, it is treated more specifically **in pages** 72 through 79.

The normalization process is explained **in pages** 219-225 of the course text.

처럼, 복수의 페이지에 걸쳐 정보가 있을 경우에는 'in'을 사용하는 듯하다. 전치사 'on'과 'in'은 'The cup is on the table'처럼 평평한 표면에 어떤 사물이 놓인 상황에서는 'on'을 쓰고, 'Apples are in the bowl'처럼 깊이가 있는 삼차원 공간 안에 사물이 있는 상황에서는 'in'을 사용한다. 시간이라도 특정한 날에 뭔가가 있을 때는 'on Monday'처럼 'on'을 쓰고, 주나 월 등 폭이 넓은 기간 안의 어딘가에서 뭔가가 있을 때는 'in a week/month'라고 말한다. 마찬가지로 특정한 페이지에 정보가 있을 때는 'on page', 여러 페이지에 걸쳐 정보가 있을 때는 'in pages'가 되는 게 아닐까 싶었다.

이런 가설을 확인하기 위해 이번엔 'on the page', 'in the page'의 덩어리를 타깃으로 해서 스켈에서 검색해보았다. 그러자 예상대로 'on the page'로 나온 40개의 예문 가운데, 무려 39건이 단수의 'on the page'로 사용되고 있었는데, 'in the page'의 예문에서는 40건 중 'in the page'가 7건, 'in the pages'가 24건이었다(나머지 9건은 'in the page footer'처럼 page가 이어지는 명사의 수식어로 사용되고 있었다). 이처럼 가설이 검증되자 기쁜 나머지 나도 모르게 마음속에서 스스로에게 갈채를 보냈다.

그렇다면 'at'은 과연 어떨까. 'at page 10'처럼 'at'을 사용하는 경우도 있을까?

'on Monday, on February 10'처럼 요일이나 날짜에는 'on'을 사용하지만 그보다 더 작은 단위나 시간이 되면 'I will see you at 9 o'clock tomorrow'처럼 'at'을 사용한다. 공간 표현에서도 'I will see you at the reception in the lobby' 등으로 말한다. 이때 'lobby'는 좀 더 넓은 (3차원의) 공간으로 파악해 그 가운데에 있는 한 점인 리셉션 reception(프런트)에 'at'을 사용하고 있다. 이 유추로 생각해 보면 어떤 페이지를 책이나 문서 중의 한 점으로 파악할 때는 'at page 10'이라고 말할지도 모른다는 가설이 생겨난다.

이 가설을 검토하기 위해 스켈에서 'at page'를 검색해 보았다. 빈도는 100만 어당 빈도 1.33으로 'on page'보다 상당히 낮은데 'in page'보다는 높아서 제법 사용되고 있는 듯하다. 스켈에서 제시한 마흔 개 예문을 전반적으로 훑어보았다.

이를 통해 알아차린 바는 'start, being, stop, open' 등의 동사와 함께 'at page'가 사용된 문장이 눈에 띈다는 사실이다. 이것은 시작하는 지점, 멈추는 지점, 여는 부분이라는 '점'으로 페이지가 다뤄지고 있다는 가설과 일치한다.

한편 'on page'는 어떤 문장에서 사용되고 있는지를 다시 제대로 살펴보았다. 그러자,

Further information is provided **on page** 8.

Further details are shown **on page** 11.

Competition answers are printed **on page** 15.

Our market opinion is **on page** 6.

등, be 동사나 'provided, shown, printed, given' 등으로
'정보가 바로 여기에 있다!'라는 말을 전달하는 문장이 대
부분이었다.

지금까지의 탐색을 통한 발견을 일반화해보면,

- 정보가 존재하는 장소를 전달할 때는 on page
- 정보가 복수 페이지에 걸쳐있을 때는 in pages(페이지
  는 복수형이 된다)
- 해당 페이지를 문서 전체의 '한 지점'으로 파악할 때
  행위의 기점, 지점, 종점 등을 나타낼 때는 at

이라고 말할 수 있을지도 모른다.

실은 스켈의 마흔 개 예문 중에,

This is discussed in Chapter 1 **at page** 31.

At page 160, the reviewer concludes the following.

See "Selecting preferences" **at page** 17 for more details.

가 있었으며 이런 예문들에서는 'on page'여도 무방하지 않을까 싶었다. 하지만 상기의 법칙을 되돌아보며 다시금 생각해보자. 이런 문장에서는 'discuss, conclude, see'라는 동사로 표현되는 '행위'가 행해지는 '지점'이기 때문에 'at'이 사용되는 게 아닐까 싶다. 그리고 보니 'at page'의 용례 중에는 'is given/provided/shown/printed' 등 '정보가 바로 여기에 있다'라는 것을 전하는 예가 전혀 발견되지 않았다.

지금까지 장황하게 'on page, in page, at page'를 어떻게 구분해서 사용할지에 대해 코퍼스를 활용해 분석한 과정을 언급했다. 그리고 마지막으로 관찰한 내용을 일반화한 '법칙' 비슷한 것을 제시했다. 독자들은 '그것만 써주면 되는데'라고 생각했을지도 모른다. 하지만 결론만 읽어버리면 읽을 당시에는 납득했다손 치더라도 필시 한 달 후에는 잊어버릴 것이므로 막상 필요한 순간에는 쓸모가 없을지도 모른다고 생각했다. 인간의 기억이란 고작 그런 것이다. (일본인에게 신기하게 여겨지며 도저히 이해가 어려운) 영어의 습성을 무척이나 훌륭하게 설명한 책을 많이 읽어도 역시 영어를 스스로 직접 자유롭게 표현해낼 레벨에 다다를 수 없는 사람들이 많은 것은 바로 그런 이유 때문이다. 이런 법칙에 다다른 나의 추론 과정을 장황하게 언급해왔던 이유는 추론 결과로 얻어진 법칙을 독자가 외우기를 바랬기 때문이 아니라 독자 스스로 직접, 자기 나름의 방식으로 추론을 시도해보길 바라기 때문이다.

어떤 형식으로든 어떤 법칙을 추론했다면 즉각 그다음으로 해당 법칙이 다른 관련 단어 사용법에 적용이 가능한지도 고려해본다. 그것이 영어 스키마를 풍요롭게, 정교하게 만들어갈 수 있는 비결이다. (그리고 그것이 모어를 습득하는 과정에 있는 아이들이 하는 일이기도 하다.)

특정 명사가 전치사와 어떻게 조합되는 경우가 많은지를 직접 코퍼스에서 조사하는 방법도 소개해보자. 스켈의 Word sketch 에서는 공기어로 전치사는 나오지 않기 때문에 대략적으로 가늠해가며 전치사+명사를 검색어로 해서 용례를 검토해보는 수밖에 없다. 하지만 스케치 엔진에서는 Word sketch 기능에 prepositional phrases 이라는 항목이 있어서 타깃 명사와 전치사의 빈출 조합을 볼 수 있다. 본편 6장에서 소개했던 것처럼 코카의 Collacates 에서 공기하는 전치사를 제시하는 항목은 딱히 없지만 Clusters 기능(검색어가 자주 사용되는 구, 단어 덩어리) 중에서 전치사도 함께 섞인 덩어리가 나오기 때문에 거기에서 찾을 수 있다. 단, 코카에서는 '전치사+명사' 같은 독립 항목이 있는 것은 아니라 'front page' 'web page' 등 두 단어의 클러스터 안에 'on page'가, 'page after page' 등 세 단어의 클러스터 안에 'on the page'가 제시되는 형태이므로 타깃 명사와 함께 사용되는 전치사를 찾을 때는 스케치 엔진 쪽이 편리하다.

'on page, in page, at page'의 구분 기준을 생각할 때 'on Monday, in a week, at 18 PM' 등 시각이나 일시를 표현할 때 사용되는 전치사 패턴을 통해 유추했다. 그렇다면 'moment'라는 단어와 함께 'in, at, on'은 어떻게 사용될까?

우선 나의 탐색법을 참고하면서 이번엔 'moment'를 검색어로 해서, 'moment'와 함께 사용되는 전치사 사용법을 검색해보길 바란다.

'moment'에 이어지는 전치사를 문맥에서 고
려해 [   ]에 넣어보자.

(6) Please wait here [   ] a moment.

(7) The biggest problem we have [   ] the moment is a
lack of infrastructure.

(8) I'll be there [   ] a moment.

(9) She stood quietly [   ] a moment, with her eyes
closed, listening to the sounds of the forest.

(10) Please choose a color; I'll explain why [   ] a mo-
ment.

(11) What we need [   ] the present moment is a safe
place to stay.

(12) This problem is not so difficult; we'll solve it [   ]
a moment.

(13) As the curtain fell, the crowd was on its feet [   ]
a moment, shouting "Encore!"

(14) Unsure of the best way to handle such a sensitive
topic, she hesitated [   ] a moment before replying.

(15) I'm afraid there is nothing available [   ] the mo-

ment. You can ask again next week.

(16) The manager is expected to return [   ] a mo-

ment.

탐구 힌트) 전치사 'in, at, on' 중에서 'on'은 'moment'와 함께 거의 사용되지 않는다. 그 대신 시간의 길이를 나타내는 전치사 'for'가 자주 사용된다. 'in (a/the) moment'와 'for (a/the) moment'는 어떻게 나뉘어 사용되어야 할까? 이 연습문제의 중요한 포인트다. 'in a moment'는 '당장(~한다, 일어난다)'과 '잠깐 동안(~한 상태에 머무른다)'이라는 두 가지 의미가 있기에 주의해야 한다.

이어서 'time'으로도 조사해보자. 'time'에서도 'on time(정각대로)'이라는 관용구 이외에 'on'과의 공기는 그다지 발견되지 않는다. 'in time, in a time, in times, at a time, at times, at the time' 등의 표현을 예문과 함께 확인하면서 공간 표현에서의 'in, on, at, for'와 시간 표현에서의 'in, on, at, for'를 비교해보길 바란다.

연습문제) 앞서 소개한 코카의 Clusters 기능이나 스케치 엔진 Word sketch 기능하에 있는 prepositional phrases 를 참고로 이하의 문장에 나온 [   ]에 적당한 전치사를 넣어 명사와 뒤에 이어지는 전치사구가 (   ) 안의 의미가 되도록 만들어보자. 힌트: 굵은 글씨의 명사를 타깃으로 해서 검색해보자. 타깃어와 공기하는 빈도가 높은 전치사를 발견하면 명사+전치사의 조합을 스켈에서 용례 검색해도 좋다.

(17) Part three presents **insights** [   ] behavioral science. (행동과학을 통한 통찰)

(18) Each presents very compelling explanations and **insights** [   ] critical thinking. (비판적 사고에 대한 통찰)

(19) This is merely the first of many profound **insights** [   ] the psychology of the ego. (자아의 심리학에 대한 통찰)

(20) My older boy has a **passion** [   ] history(particularly the history of the civil war). (역사에 대한 열정)

(21) She shared with her husband a **love** [   ] travel. (여행 애호)

(22) He was so anxious to keep his **love** [   ] Rosemary a secret. (로즈메리에 대한 연정)

(23) She felt rising **anger** [   ] the negligent way he was

dismissing the company. (무책임한 방식에 대한 분노)

(24) Sara's **anger** [   ] Jenny evaporated. (제니에 대한 분노)

【탐구8】 추상명사의 가산·불가산

 2장에서도 언급했던 것처럼 명사를 익힐 때는 자칫 의미에 대해서만 생각해버리기 쉬워서 가산·불가산 여부나, 만약 가산명사라면 단수형인지 복수형인지에 대해 주의를 기울여야 한다는 사실을 자칫 망각하기 쉽다. 하지만 본래 영어의 명사는 가산명사인지 불가산명사인지를 정하지 않으면 사용할 수 없다. 이때 추상명사는 특히 어렵다. 일본어적인 감각으로는 추상명사가 가리키는 것이 눈에 보이지 않으므로 모두 불가산명사인 것처럼 생각된다. 그렇지만 'idea'처럼 거의 항상 가산명사라고 봐도 좋을 예가 있는가 하면, 'evidence'처럼 거의 항상 불가산명사도 있다. 심지어 대부분의 추상명사는 가산·불가산 양쪽 모두 가능하다. 대부분의 사전은 'U(uncountable, 불가산); C(countable, 가산)'이라고 간단히 기술되어있을 뿐이다. 이렇게 적혀있으면 학습자는 '어느 쪽이든 상관없는 거네'라고 자칫 생각해버리기 쉽다. 그러나 그렇지 않다. 'U; C'는 **문맥에 따라 어느 쪽 용법도 가능하다**라는 사실을 보여주는 것일 뿐, **가산·불가산 어느 쪽이 좋은지는 지금 쓰려고 하는 문맥에서의 해당 명사의 의미에 따라 결정된다.**

나도 추상명사의 가산 · 불가산 사용법은 영어 논문을 쓸 때 가장 자신 없는 부분이어서 주로 영문교열에 의존해왔지만, 이 책의 집필을 계기로 모어 화자의 직감에 접근해보고자 시도해보았다. 이하에서는 코퍼스를 활용해 직접 용례와 마주하면서 스키마를 만들어가는 과정의 일례를 여러분과 공유하고 싶다. 이 탐구 과정을 참고로 자신의 독자적인 탐구 방식을 조합하면 좋을 것이다. 우선은 이하의 연습문제를 생각해보자.

(연습문제) 굵은 글씨의 명사구는 가산 · 불가산 중 어느쪽이 나을까. [　] 안은 아무것도 들어가지 않는지, 부정관사가 필요한지에 대해서 생각해보자.

(1) Branding means positioning yourself, through your actions and value, so that people feel [　] **irresistible urge** to listen to your advice(브랜딩이란 당신의 행동과 가치에 따라 사람들이 당신의 조언을 꼭 듣고 싶다고 느끼는 입장에 당신 자신을 두는 것입니다).

(2) The poison of ignorance spreads its toxin through [　] **desire**, passion, and ill will(무지라는 해악은 그 독소

를 욕망, 열정, 악의에 의해 사방에 퍼뜨린다).

(3) He expressed [   ] **wish** to go to the United States
(그는 미국에 가고 싶다는 희망을 언급했다).

(탐구 힌트) 연습문제에서 사용된 명사 'urge, desire, wish'
는 모두 욕망, 바람을 나타내는 명사지만 정답은 (1)과
(3)은 가산, (2)는 불가산명사다. 어째서일까?

　특정 문맥에서 추상명사를 가산으로 할지, 불가산으
로 할지를 생각할 때, **영어 명사는 추상명사든 구상명사
든 디폴트로 가산인지 불가산인지가 결정되어있다**는 점
을 우선 알아둘 필요가 있다. 예를 들어 'chocolate'는 기
본적으로 불가산명사로 'a bar of chocolate'(초콜릿 바 하나)
처럼 셀 때의 단위를 나타내는 수량사가 필요하다. 트러
플 초콜릿처럼 하나하나 따로따로 만들어진 경우에는 가
산명사로 해도 좋다(요컨대 10 chocolates라고도 말할 수도 있
고, 10 pieces of chocolate라고도 말할 수 있다). 모어 화자는 어
떤 명사에 대해 이 명사는 기본적으로 가산, 이쪽은 기본
적으로 불가산이라는 지식, 아니 직감(물론 'instinct'이 아니
라 'intuition')을 가지고 있다. 게다가 가산·불가산 문법
스키마에 의해 특정 문맥에서는 디폴트와 다른 사용법으

로 시프트한다. 따라서 명사를 외울 때는 그 명사가 디폴트 상태에서 가산인지, 불가산인지를 머릿속에 넣어두는 것이 좋다.

디폴트에서 가산인지 불가산인지는 대부분 사전으로도 조사가 가능하다. 예를 들어 【탐구6】에서 다뤘던 'intuition, instinct, insight, wisdom, knowledge, urge, desire, impulse' 가운데 거의 항상 가산명사로 사용되는 것, 거의 항상 불가산명사인 것은 어느 것일까? 그 해답을 조사하기 위해서는 코퍼스에 의거해 사전을 찾는 편이 빠를 것이다. '캠브리지 영어사전'에서 검색해보면 'knowledge, wisdom'은 'U(불가산)', 'urge'는 'C(가산)'이라고 되어있다. 하지만 실제로는 'knowledge, wisdom'을 가산명사로 사용하는 경우도 있다.

이런 것들을 조사하고 싶을 때는 스켈이 편리하다. 단어의 복수형이나 단어를 조합시킨 구의 용례 검색이 가능하기 때문이다. 'knowledge, wisdom'을 검색어로 하면 불가산으로 사용되고 있는 예문밖에 나오지 않지만 'knowledges'나 'wisdoms'로 검색하면 예외적으로 가산명사로 사용되는 용례를 볼 수 있다. 당연히 'knowledges, wisdoms'의 빈도는 디폴트의 불가산 용례에 비해 극

명사 'urge'의 Word sketch (Context: off)

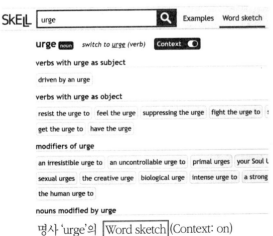

명사 'urge'의 Word sketch (Context: on)

단적으로 적기 때문에 그것을 통해서도 이 두 단어는 기본적으로 불가산명사라는 사실을 알 수 있다.

가산명사라고 사전에 적혀있는 'urge'의 용례도 스켈에서 조사해보았다. 독자 여러분도 조사해보길 바란다. 그때 한 가지 주의사항이 필요하다. 'urge'는 동사도 있는데 오히려 동사 쪽의 빈도가 높기 때문에 Examples 에서 용례를 보면 명사 'urge'가 그다지 발견되지 않는다. 이때는 Word sketch 로 간다. Word sketch 검색 결과 가장 상위 부근에 switch to urge(noun) 이라고 나와 있다. 여기를 클릭하면 명사 'urge'의 Word sketch 결과를 볼 수 있다.

여기서 Examples 을 클릭하면 명사 'urge'만의 용례를 일람할 수 있을 것으로 생각했는데, 그러던 찰나에 동사 'urge'의 용례가 다수를 차지하는 화면으로 돌아가 버린다. 그래서 명사 'urge'의 Word sketch 에서 verbs with urge as object 를 보고 'urge'를 목적어로 해서 공기하는 동사를 선택한다. 가장 위에 나오는 것이 'resist' 이기 때문에 이것을 선택하면 'resist…urge'라는 용례를 일괄적으로 볼 수 있다. 이런 방식이라면 동일한 동사에 대해 어떤 문맥이라면 명사 'urge'가 가산명사로, 혹은 불가산명사로 사용되는지 알 수 있으므로 문맥에 따른 가산·불가산 사용 구분을 조사하는 데 효율적이다.

참고로 switch to urge(verb) 의 옆에 나온 Context 버튼을 슬라이드하면 공기어가 2~4 단어의 창(타깃어를 중심으로 한 전후 2, 3 단어의 범위에 있는 단어)에 나온다. Context 를 'on'으로 할지, 'off'로 할지는 어느 쪽이 더 보기 쉬운지로 결정하면 된다.

In fact, greatness is often achieved by **resisting urges**.

I beg you... **resist** that **urge**!

Resist the **urge** to use complex words and sentence structures.

위와 같이 모든 예문이 복수형이거나, 'that'이나 'the'로 한정되는 가산용법이다. 'that'이나 'the'는 불가산명사에도 사용할 수 있지만, 가산명사와 공기하는 경우가 압도적으로 많다. 용례에서 문맥을 보면 모두 '충동'이 발생한(혹은 발생할) 특정 사건을 가리키고 있어서 가산명사로 사용되고 있다고 생각해도 틀림없을 것이다. 이 단어가 불가산명사로 사용되는 경우는 거의 없고, 거의 가산명사로밖에는 사용되지 않는다는 사실은 'urge'의 유의어 'desire'와의 의미적 차이를 고려할 때 매우 중요하다.

'urge'가 거의 가산용법에 한정되는 데 반해 'desire'는 가산과 불가산이 혼재되어있다. 예를 들어 'human desire'를 검색어로 해보면 가산으로 사용되고 있는 용례와 불가산으로 사용되고 있는 용례가 양쪽 모두 발견된다. 가산 용법으로는 다음과 같은 예가 있다.

It has been a **human desire** for millennia to make accurate weather predictions.

There is a basic **human desire** for a dignified life.

아울러 'urge'와 마찬가지로 정관사 'the'와 공기하는 예가 많다.

I am all for individual rights and freedom and the **human desire** to pursue wealth.

His resistance comes from the natural **human desire** to be right.

'the'가 관사로 사용되는 경우에는 직후에 부정사로 어떤 욕망인지를 한정하고 있어서 'urge' 때와 마찬가지로 이런 문장들에서의 'desire'는 가산명사라고 생각할 수 있다.

이에 반해 다음은 명백히 불가산으로 사용된 용례다.

Human desire differs from animal desire in that it is at root insatiable.

Such feelings are as ancient as **human desire**.

이 두 가지 예문에서는 특정한 욕망이 아니라 '인간의 욕망이라는 것'처럼 막연한 '욕망 · 욕구의 총체' 개념으로 'desire'가 사용되고 있다.

다음으로 'language'와 'culture'에 대해 검토해보자. 나는 원래 언어와 사고의 관계, 즉 언어가 인간의 문화나 사고에 어떤 영향을 끼치는지를 연구하는 것이 전공이기 때문에 'language'와 'culture'는 논문을 쓸 때 가장 빈번하게 사용하는 키워드다. 'language'와 'culture' 모두 가산 · 불가산 양쪽의 사용법이 있으며 그것을 어떻게 구분해서 사용해야 할지 오랜 세월 동안 격투해왔다. 지금까지는 '언어와 문화는 분리할 수 없는 것이다'라든가 '언어는 인간 지성의 현저한 특징이다'라고 말하고 싶을 때는 'language'를 불가산명사로 사용하고, '그는 다섯 가지 언어를 말할 수 있다' '대학에서는 두 가지 외국어를 공부했다' 같은 내용일 때는 가산명사로 사용하는 식의 기준을 가지고 자연스럽게 구분해서 사용해왔다.

Language and culture are inseparable. (불가산)

Language is a hallmark of human intelligence. (불가산)

He can speak five **languages**. (가산)

I studied two foreign **languages** in college. (가산)

지금까지 'language, culture'를 이런 감각으로 사용해오면서도 코퍼스로 조사해본 경우는 없었기 때문에 다시 제대로 'language'를 검색어로 해서 스켈에서 조사해보았다. 그러자 'language'는 'language acquisition, language materials, language problems'처럼 'language'를 수식어로 사용하는 예문이 많았고 이런 예문들은 'language'의 가산·불가산을 판단할 상황에서는 그다지 유용하지 않았다. 마흔 개 예문 중 'language'를 명백히 불

가산명사로 사용하고 있는 것은 다음과 같은 여섯 개뿐
이었다.

Without **language** human beings are cast adrift.

The letter largely followed standard diplomatic **language**.

The last passage contained very strong **language**.

What role does **language** play in ethnic identity?

But is "baby sign **language**" helpful?

He reads lips and uses sign **language**.

두 번째 예문에 나오는 'diplomatic language(외교 언어)'
는 외교 상황에서 사용되는 특수한 표현이나 언어 사용법
을 가리키는 말일 것이다. '수학 언어(표현)' '과학 언어(표
현)' '학술 언어(표현)'이라고 말할 때도 'mathematical lan-
guage, scientific language, academic language'처럼 불가
산으로 사용해야 할 거라고 응용 방식을 생각해보았다.

세 번째인 'strong language'는 아마도 비판을 포함
한 강한 어조의 언어표현을 가리키고 있는데 이런 때도
'language'를 불가산으로 사용한다는 점에 새삼 놀랐다.

인터넷 등에서 자주 볼 수 있는 선동적인 기사는 그야말로 이런 (불가산용법의) 'strong language'일 것이다.

'mathematical language'에 대한 이야기로 다시 돌아가 보자. 스켈에서 이것을 검색어로 해서 조사해보면,

> **Mathematical language** can be difficult to understand for beginners.
>
> Because he expressed all this in **mathematical language**, few chemists of the time understood his arguments.

같은 예문이 나와 있었다. 그러나,

> Geometric Calculus is a **mathematical language** for expressing and elaborating geometric concepts.

처럼 가산명사로 사용되는 예도 적은 숫자지만 발견되었다. 여기서도 'geometric calculus'처럼, 수학의 특정한 분야에 대해 말할 때는 가산명사로 사용하고 있는 듯하다.

마찬가지로 'academic language'를 검색어로 예문을 살

퍼보면 대부분 불가산명사로 사용되고 있었다.

Cummins provides the rationale for the distinction between the acquisition of conversational language and that of **academic language** from multidisciplinary points of view in this chapter.

하지만 이하의 예문에서는 예외적으로 가산명사로 사용되었다.

In mid-2002 the national Minister of Education, Kader Asmal, announced that Afrikaans medium universities must implement parallel teaching in English, despite a proposal by a government appointed commission that two Afrikaans universities should be retained to further Afrikaans as an **academic language**.

막연한 총체로서의 개념은 불가산, 개별 요소나 예에 대해 언급할 때는 가산이라는 도식을 여기서도 사용할 수 있을 듯하다.

연습문제) [   ] 안은 가산·불가산 중 어느 쪽이 좋을까. 모든 명사가 사전에 가산·불가산 양쪽으로 사용된 용법이 실려있다.

(4) Humans are creatures of [instinct and emotion /instincts and emotions] as well as reason.

(5) They are addicted to [human instinct/a human instinct] called the attachment instinct.

탐구 힌트) 스켈에서 'instinct'를 검색어로 용례를 살펴보자 다음과 같은 예문이 발견되었다. 예를 통한 유추로 연습문제의 답을 생각해보시길 바란다.

And that is impossible because of **human instinct**, capitalism and religion.

Religion is a **human instinct** for building a communal consciousness; a shared view of things.

이런 예문을 보면 앞서 언급했던 것처럼, 막연한 총체로서의 개념은 불가산, 개별 요소나 예로 언급할 때는 가산명사라는 일반화가 아무래도 적용 가능할 것 같다.

가산·불가산을 구분해서 사용할 때의 기준이 어쩐지 감각적으로 이해되기 시작했을까? 실은 '어쩐지'라는 부분이 중요하다. 코퍼스의 용례를 꼼꼼히 살피다 보면 일반화된 규칙으로는 설명할 수 없다고 생각되는 용례도 종종 찾아볼 수 있다. 예를 들어 'survival instinct'(생존 본능)이 가산명사일지 불가산명사일지에 대해 다양한 본능 가운데 하나이므로 가산처럼 느껴지기도 한다. 실제로 스켈에서 가산용법을 찾아볼 수 있다.

It is just a natural **survival instinct**.

This is a **survival instinct**, possibly even an evolutionary one.

하지만

Animals have more **survival instinct** than us!

같은 불가산용법도 발견되는 것이다!

앞서 명사는 가산명사인지, 불가산명사인지가 디폴트로 이미 정해져 있지만, 특정 문맥이나 상황에서 명사가 나타내는 개념을 어떻게 파악하는지에 따라 디폴트에서 시프트한다고 언급했었다. 'instinct'라는 단어도 공기어 별로 가산인지, 불가산인지가 꼭 규칙적으로 정해진 것은 아니다. 글을 쓰는 사람이나 이야기를 하는 사람이 어떤 순간, 어떤 상황에서 본능을 음식에 관한 본능, 성에 관한 본능, 사회관계에 관한 본능 등의 구성요소가 있는 것으로 파악하고 있는지, 막연한 총체로 파악하고 있는지로 구분해서 사용된다. 모어 화자라도 그것을 어떻게 파악할지는 사람에 따라 다르며, 심지어 같은 사람이라도 상황에 따라 달라진다.

비영어 모어 화자로서는 사람 헷갈리게 하지 말고 제발 확실히 해달라고 호소하고 싶어질 수도 있지만, 이 상황에서 버럭 화를 내며 내던져버려서는 안 된다. 영어는 시험을 위해 존재하는 것이 아니라 살아있는 언어다. 모든 것이 문법 규칙으로 결정되지 않으며 통계적 정보로 결정되는 것도 아니다. 물론 어느 쪽의 지식도 존중된다. 그렇지만 최종적으로 글을 쓰는 사람이나 말을 하는 사람이 그 상황을 어떻게 파악하는지로 결정된다. 그리고 상황에 대한 파악 방식과 문법 카테고리(가산인지 불가산인지)를 어떻게 대응시켜야 하는지에 대한 암묵적인 지식이 바로 스키마다. 'Animals have more survival instinct than us!'라는 문장을 쓴 사람은 동물의 생존본능을 '본능의 일종'으로서가 아니라, 다시 말하자면 명확한 경계를 가진 하나의 대상으로서가 아니라, 본능이라는 막연한 총체로 파악하고 있었을 것이다. 모어 화자가 활용할 때 보여주는 미세한 망설임은 상황을 어떤 방식으로 파악해야 할지에 대한 망설임을 반영한 것이다.

일본어에서도 예컨대 조사를 사용할 때, 어떤 문맥에서 조사로 '은/는'을 쓸지, 혹은 '이/가'를 사용할지는 모어 화자라도 100퍼센트 일치하는 것이 아니며, 어느 쪽으로 할지 망설이는 때도 있다. 이것도 조사 지식이 교과서적 지식이 아니라, 즉 ○○일 때는 '은/는', ××일 때는 '이/가'라고 문법서에 박혀있는 지식이 아니라, 언어화가 불가능한 암묵적인 지식, 요컨대 '스키마'에 의해 상황별로 조사가 선택되기 때문이다.

물론 사전이나 문법서가 쓸모없다는 말은 아니지만, 언어를 미세한 망설임이 존재할 수도 있는 '생명체'로 창

조적으로 사용하기 위해서는 신체화된 스키마를 키워가
는 과정이 필요할 것이다.

해답

【탐구1】

(1) Children learn language quickly. (Children are quick/ excellent language learners.) (2) I once studied chemistry in college. (3) I learned a lot from experience. (4) A: You speak good German. Where did you learn/study it? B: I lived in Germany in my childhood and learned German then. (5) A: You speak good Chinese. Where did you learn/study it? B: I studied it for four years in a university in Beijing.

【탐구2】

(1) listen to (2) heard (3) listened to (4) heard (5) hear (6) heard (7) listen to (8) listened (9) listen to (10) watch (11) looks (12) see (13) looked, see

【탐구3】

(1) believe (2) think (3) think about (4) know (5) knowing (6) thinking about (7) thought (8) believe (9) knowing (10) known (11) believe (12) thought (13) realized (14) found (15) realize (16) recognized (17) realize (18) find (19) recognized (20) recognize (21) find (22) realize (23) recognized (24) find

【탐구4】

AAA=suggest, BBB=advise, CCC=recommend, DDD=propose (1) suggest (2) suggests (3) suggested (4) advises (5) advising (6) advised (7) recommended (8) recommended (9) recommended (10) proposed (11) proposed (12) proposed ((4), (6), (8)는 현재형 · 과거형 · 현재완료형 모두 있을 수 있다)

【탐구5】

(1) strong evidence (2) widely accepted (3) strong will (4) highly interesting

【탐구6】

XXX=knowledge, YYY=wisdom, ZZZ=insight
AAA=desire, BBB=urge, CCC=impulse

【탐구7】

(1) on (2) in (3) at (4) at (5) In (6) 0/for(0/for라고 되어
있는 것은 전치사가 없어도 for여도 OK라는 의미) (7) at (8) in (9)
for (10) in (11) at (12) in (13) in (14) 0/for (15) at (16)
in (17) from (18) into (19) into (20) for (21) of (22) for
(23) at (24) at/with

【탐구8】

(1) 가산 (2) 불가산 (3) 가산 (4) instinct and emotion
(5) a human instinct

이 책에서 소개한 온라인 툴

　본문에서도 언급했지만 온라인 서비스는 사양이 변경되거나 기능이 추가되는 경우가 있다. 본문의 설명과 다른 화면 레이아웃이나 조작 방식이 언젠가는 나올 것이다. 코퍼스의 어떤 기능을 사용해야 학습에 도움을 줄 수 있는지를 이해하고 있으면 사양이 변해도 대응할 수 있다. 서비스 이용 방법에 대해서는 각각의 웹사이트 설명을 읽어보길 바란다(URL은 2020년 11월 현재).

웨블리오Weblio 영일·일영사전(무료)
https://ejje.weblio.jp/

캠브리지 영어사전(Cambridge English Dictionary, 무료)
https://dictionary.cambridge.org/dictionary/english/

에이지로(英辞郎 on the WEB Pro, 유료)
https://eowp.alc.co.jp/

스켈(SkELL, Sketch Engine for Language Learning, 무료)
https://www.sketchengine.eu/skell/

스케치 엔진(Sketch Engine, SkELL 풀버전, 유료)
https://www.sketchengine.eu/

코카(COCA, Corpus of Contemporary American English, 제한은 있지만 개인적
으로 사용할 경우에는 무료로 이용 가능)
https://www.english-corpora.org/coca/

워드넷(WordNet: A Lexical Database for English, 무료)
https://wordnet.princeton.edu/

참고문헌

1장

- 안자이 유이치로安西祐一郎(2011). 『마음과 뇌-인지과학입문心と脳−認知科学入門』 이와나미신서岩波新書.
- Simons, D. J. & Chabris, C. F.(1999). Gorillas in our midst: Sustained inattentional blindness for dynamic events. *Perception*, 28, 1059-1074.
- Gregory, R. L.(1970). *The Intelligent Eye*. McGraw-Hill.
- 이마이 무쓰미今井むつみ(2013). 『언어 발달의 수수께끼를 풀다ことばの発達の謎を解く』 지쿠마프리머신서ちくまプリマー新書.

2장

- 마크 피터슨Mark Frederic Petersen(1988). 『일본인의 영어日本人の英語』 이와나미신서.
- Wisniewski, E. J., Imai, M. & Casey, L.(1996). On the equivalence of superordinate concepts. *Cognition*, 60, 269-298.
- Allan, K.(1980). Nouns and Countability. *Language*, 56, 541-567.
- 이마이 무쓰미(2016). 『배움이란 무엇인가−「탐구인」이 되기 위해서-学びとは何か〈探求人〉になるために』 이와나미신서.

3장

- 시바타 다케시柴田武, 구니히로 데쓰야國廣哲彌, 나가시마 요시오長嶋善郎, 야마다 스스무山田進(1976). 『말의 의미1-사전에 적혀있지 않은 것ことばの意味1−辞書に書いてないこと』 헤이본샤센쇼平凡社選書.
- 이마이 무쓰미, 하류 에쓰코針生悦子(2014). 『말을 배우는 구조: 모어에서 외국어까지言葉をおぼえるしくみ-母語から外国語まで』 지쿠마가쿠게이분코ちくま学芸文庫.
- Hirsh-Pasek, K. & Golinkoff, R. M.(1996). *The Origins of Grammar: Evi-*

dence from Early Language Comprehension. MIT Press.

- 이마이 무쓰미, 사지 노부로佐治伸郎(2014).『사람과 언어人と言語』. 이마이 무쓰미, 사지 노부로 편.『언어와 신체성言語と身体性』(이와나미강좌 커뮤니케이션의 인지과학1 岩波講座コミュニケーションの認知科学 1) 10장, 259-284, 이와나미쇼텐 岩波書店.

- Saji, N., Imai, M., Saalbach, H., Zhang, Y., Shu, H. & Okada, H.(2011). Word learning does not end at fast-mapping: Evolution of verb meanings through reorganization of an entire semantic domain. *Cognition*, 118, 45-61.

- Saji, N. & Imai, M.(2013). Evolution of verb meanings in children and L2 adult learners through reorganization of an entire semantic domain: The case of Chinese carry/hold verbs. *Scientific Studies of Reading*, 17, 71-88.

4장

- Talmy, L.(1985). Lexicalization patterns: Semantic structure in lexical forms. In T. Shopen(ed.), *Language Typology and Syntactic Description, Vol III: Grammatical Categories and the Lexicon*, 57-149. Cambridge University Press.

- Papafragou, A. Hulbert, J. & Trueswell, J.(2008). Does language guide event perception? Evidence from eye movements. *Cognition*, 108, 155-184.

- Papafragou, A. & Selimis, S.(2010). Lexical and structural biases in the acquisition of motion verbs. *Language Learning and Development*, 6, 87-115.

- Maguire, M. J., Hirsh-Pasek, K., Golinkoff, R. M., Imai, M., Haryu, E., Vanegas, S., Okada, H., Pulverman, R. & Sanchez-Davis, B.(2010). A developmental shift from similar to language specific strategies in verb acquisition: A comparison of English, Spanish, and Japanese. *Cognition*, 114, 299-319.

5장

- Kilgarriff, A., Baisa, V., Bušta, J., Jakubíček, M., Kovář, V., Michelfeit, J., Rychlý, P. & Suchomel, V.(2014). The Sketch Engine: Ten years on. *Lexicography*, 1, 7-36.

6장

- Davies, M.(2008). The Corpus of Contemporary American English. www.english-corpora.org/coca/
- Fellbaum, C. (ed.) (1998). *WordNet: An Electronic Lexical Database*. MIT Press.

7장

- Kuhl, P. K., Stevens, E., Hayashi, A., Deguchi, T., Kiritani, S. & Iverson, P.(2006). Infants show a facilitation effect for native language phonetic perception between 6 and 12 months. *Developmental Science*, 9, F13-F21.
- Kuhl, P. K.(2009). Early language acquisition: Neural substrates and theoretical models. In Gazzaniga, M. S.(ed.), *The Cognitive Neurosciences*. IV, 837-854. MIT Press.

8장

- 시마 아키라島朗(2013). 『시마연구회 노트-마음 단련법島研ノート 心の鍛え方』 고단샤講談社.

9장

- 이마이 무쓰미(2020). 『부모와 아이가 함께 기르는 언어능력과 사고력親子で育てる ことば力と思考力』 지쿠마쇼보筑摩書房.

10장

- Werker, J. F. & Tees, R. C.(1984). Cross-language speech perception: Evidence for perceptual reorganization during the first year of life. *Infant Behavior and Development*, 7, 49-63.

- Werker, J. F. & Yeung, H. H.(2005). Infant speech perception bootstraps word learning. *Trends in Cognitive Sciences*, 9, 519-527.
- Johnson, J. S. & Newport, E. L.(1989). Critical period effects in second language learning: The influence of maturational state on the acquisition of English as a second language. *Cognitive Psychology*, 21, 60-99.
- Kuhl, P. K., Tsao, F-M. & Liu, H-M.(2003). Foreign-language experience in infancy: Effects of short-term exposure and social interaction on phonetic learning. *Proceedings of National Academy of Science*, 100, 9096-9101.
- Hakuta, K., Bialystok, E. & Wiley, E.(2003). Critical evidence: A test of the critical-period hypothesis for second-language acquisition. *Psychological Science*, 14, 31-38. p.274
- 엘렌 비엘스톡Ellen Bialystok, 겐지 하쿠타Kenji Hakuta(2000). *In other words : the science and psychology of second-language acquisition.* 『외국어는 왜 좀처럼 익혀지지 않을까-제2언어학습의 수수께끼를 풀다外国語はなぜなかなか身につかないか―第二言語学習の謎を解く』 시게노 스미重野純 역, 신요샤新曜社.
- 피터 브라운Peter Brown, 헨리 뢰디거Henry J. Roediger, 마크 맥대니얼Mark A. McDaniel(2016). *Make it stick : the science of successful learning.* 『쓸 수 있는 뇌 단련법-성공적인 학습의 과학使える脳の鍛え方―成功する学習の科学』 이다 다쿠미依田卓巳 역, NTT슛판NTT出版. 국내에서 『어떻게 공부할 것인가: 최신 인지심리학이 밝혀낸 성공적인 학습의 과학』(헨리 뢰디거, 마크 맥대니얼, 피터 브라운 공저, 김아영 옮김, 2014, 와이즈베리)라는 서명으로 출판됨.
- 안데르스 에릭슨K. Anders Ericsson, 로버트 풀Robert Pool(2016). *Peak: secrets from the new science of expertise.* 『초일류가 되는 것은 재능일까, 노력일까?超一流になるのは才能か努力か?』 히지카타 나미土方奈美 역, 분게이슌주文芸春秋. 국내에서 『1만 시간의 재발견: 노력은 왜 우리를 배신하는가』(안데르스 에릭슨, 로버트 풀 공저, 강혜정 옮김, 2016, 비즈니스북스)라는 서명으로 출판됨.

후기

　인간은 세계를 어떻게 바라보고, 인식하고, 행동하기 위해 예측하고, 의사결정을 하고, 행동하고, 행동을 평가하고, 기억하고, 배울까. 이런 일련의 과정을 상세히 이해하고자 하는 것이 인지과학이라는 학문이다. 나는 그중에서도 주로 세 가지 테마로 실험을 반복하면서 연구를 계속해왔다.

　첫 번째 테마는 언어와 사고의 관계. 언어의 차이가 사람들의 인식이나 개념, 사고의 방식에 어떤 영향을 끼치는지에 대해 고찰해왔다.

　두 번째는 말의 발달에 관한 연구. 어린이가 모어의 말의 의미를 어떻게 배우는가에 대한 문제를 갓난아이부터 유아를 대상을 연구하고 있다. 아이가 말의 의미를 '기억한다'라는 것은, 실은 말이 사용된 상황이 건네준 극히 사소한 정보를 통해 말의 의미를 추론에 의해 복원하는 과정이다. 명사, 동사, 형용사 등 문법적으로 이질적인 성질을 가진 말에 대해, 아이는 과연 어떤 정보에 주목하면서 의미를 추론하는 걸까.

세 번째 테마는 배움과 교육의 문제다. 사람은 자신이 보고 들은 온갖 정보를 내면에 수용해 기억하지 않는다. 지식이라는 필터를 통해 정보를 선택하고, 선택한 정보에 자신이 이미 가지고 있던 지식을 연계시켜 추론한다. 추론한 결과는 지식 체계에 통합되고 지식은 업데이트되며 새로운 배움에 활용된다. 이런 순환에 따라 지식 체계가 성장해간다. 동시에 지식 체계는 신체 일부가 되며 필요에 따라 무의식적으로 자유자재로 꺼내 사용할 수 있게 된다. 이런 순환이 순조롭게 이루어지며 계속해서 새로운 지식을 창출할 사이클을 구축하기 위해, 학습자는 어떻게 배우고 교육자는 어떻게 서포트하는 게 좋을까.

이 세 가지 테마에 대한 연구 성과를『말과 사고ことばと思考』(이와나미신서岩波新書),『언어 발달의 수수께끼를 풀다ことばの発達の謎を解く』(지쿠마프리머신서ちくまプリマ—新書)『배움이란 무엇인가学びとは何か』(이와나미신서岩波新書) 등 세 권의 신서로 발표해왔다.

『혼자 하는 영어 공부』는 이 세 가지 테마가 정확하게 겹쳐지는 가운데 지점에 있다. 일본어를 모어로 학습하는 것은 일본어에 의해 세계를 파악하는 방식을 배우는 것이다. 일본어를 모어로 하는 일본인이 영어를 배운다는 것은 영어 특유의 세계 파악 방식을 영어와 상이한 일본어의 파악 방식이라는 필터를 통해 추론하는 것이다. 영어에 대해 머릿속으로 이론적으로 이해하는 것만으로는 영어를 자유자재로 구사해낼 수 없다. 영어를 자유롭게 사용할 수 있게 된다는 것은 영어에 독자적으로 존재하는 세계에 대한 파악 방식, 세계를 어떻게 해석해내는지를 자신의 몸에 적용시키는 것이다. 이때 아이가 어떻게 모어를 신체 일부로 만드는지, 혹은 언어 이외의 스포츠나 악기 연주, 요리 등 사람이 배우는 모든 스킬에서 어떻게 사람이 배우고 숙달되어가는지가 영어 학습에 매우 유용할 것이다.

달인이 되기 위해서 중요한 점은 무엇일까. 그것은 지식을 스스로 탐구하고 발견하는 과정이며 '살아있는 지식을 만들어내는 사이클'을 엮어나가는 것이다. 이 점을 우선 전달하고 구체적으로 어떻게 영어를 배우며 달인이 되는 사이클을 만들 수 있을지를 제안하고자 이 책을 썼다. 영어 학습에 관한 책은 참으로 많지만 이런 시점에서 작성된 책은 내가 아는 한 존재하지 않는다. 영어 달인을 목표로 하는 독자에게 이 책이 조금이나마 도움이 된다면 기쁠 것이다.

이 책을 마무리하고 있던 2020년엔 코로나바이러스감염증-19(COVID-19)의 세계적 유행으로 기존까지의 생활양식이 순식간에 바뀌었다. 내가 근무하는 대학에서도 교실에서의 대면 수업이 불가능해져서 2020년 10월 이 책을 쓰던 당시, 가을 학기가 되어도 온라인 수업이 여전히 지속되고 있었다. 초등학교, 중학교, 고등학교에서도 봄 학기에 장기간의 일제 휴교를 하지 않을 수 없는 미증유의 사태가 발생했다. 이런 상황에서 가장 중요한 것은 스스로 배우는 힘을 지니는 것이다. 이 책에서 전하고 있는 영어독습법은 영어뿐만 아니라 외국어 학습 전반, 혹은 일본어를 외국어로 배울 때의 힌트로 삼아줄 수 있지 않을까 싶다.

이 책의 완성은 와세다대학 국제교양학부의 빅토리아 뮤라이젠Victoria L. Muehleisen 준교수의 존재 없이는 불가능했다. 비키 씨와 나는 1990년대 전반에 시카고 교외에 있는 노스웨스턴대학에 다니던 대학원생 시절부터 친구 사이였기 때문에 가깝게 지낸 지 어느덧 30년이 된다. 나의 영어 선생님이자 코퍼스 언어학의 스승이기도 하다. 이 책에서 소개한 코퍼스를 활용한 탐구법에 대해 다양한 조언을 해주었고 본편, 탐구 실천편의 영어 예문이나 연습문제도 모두 꼼꼼히 체크해주었다. 이 책 집필을 위한 조력과 오랜 세월의 우정, 양쪽 모두에 대해 비키 씨에 대한 감사의 마음은 도저히 말로 형용할 수 없을 정도다.

이 책의 집필 과정에서 두 분에게 큰 신세를 졌다. 내가 소속된 게이오기주쿠대학慶應義塾大学의 전임 이사장이자 인지과학의 대선배인 안자이 유이치로安西祐一郎 선생님께서 초고를 읽어주신 후, 거대한 아이디어 차원에서부터 섬세한 용어 사용법이나 일본어 표현에 이르기까지 소중한 조언의 말씀을 아끼지 않으셨다. 후쿠시마현립福島県立 하라마치原町 고등학교에서 교편을 잡고 계시는 가와무라 요코川村葉子 선생님께서는 이 책에서 소개한 코퍼스에 의한 탐구를 수업에 도입해 실천해주셨고 학생들의 오류, 반응, 성장에 대해 다이슈칸쇼텐大修館書店에서 간행한 잡지《영어교육英語教育》의 연재를 통해 유머 넘치는 예리한 시점을 바탕으로 보고해주셨다. 가와무라 선생님의 수업도 몇 번인가 견학시켜주서서 영작문에서 학생들이 어려움을 느끼는 점, 고등학교 영어 수업 중에 코퍼스를 사용할 때의 이점이나 과제 등에 대해 많은 시사점을 얻었다.

이 책의 삽화插絵를 담당한 가키우치 하루垣內晴 씨(스튜디오비리야니スタジオびりやに)에게도 감사의 말씀을 전하고 싶다. 가키우치 씨는 도쿄예술대학東京芸術大学 첨단예술 표현과 재학생 시절,『말과 사고』를 친구와 읽고 대학 축제의 토크 이벤트를 기획해주었다. 영상 예술이나 신체 예술 등 다양한 장르에서 첨단예술의 개척을 꿈꾸는 예비 예술가들이 말에 관심을 갖고 독창적인 관점에서 말과 마주하고 있다는 사실을 알게 되어 무척 신선했다. 그후 내가 하는 강연의 슬라이드나 이벤트 포스터, 저서의 일러스트를 해주고 있다. 가키우치 씨는 첨단과학 등 일반 독자 입장에서 약간 접근하기 망설여지는 텍스트를 자기 나름의 방식으로 이해한 후, 일러스트를 통해 저자와 독자를 이어주는 다리가 되고 싶다며 현재 디자인 사무소에서 수련 중이다.

이 책을 집필하기 전 영어 학습에 대해 그저 생각나는 대로 써두었던 내용을 정리해서 다이슈칸쇼텐의 《영어교육》(2015년 4월호~2016년 3월호)과 NHK 텍스트《라디오 입문 비즈니스 영어ラジオ 入門ビジネス英語》(2018년 4월호~2019년 3월호)에 연재했었다. 이 책은 그런 에세이를 재편성하고 대대적으로 수정한 내용을 담았다. 연재 편집을

담당해주었던 다이슈칸쇼텐의 곽경수郭敬樹 씨, NHK슛판NHK出版의 오쿠무라 나미코奧村奈美子 씨, 요시다 미사토吉田光里 씨에게도 매우 신세를 졌기 때문에 이 자리를 빌려 감사의 말씀을 드리고 싶다.

이 책의 편집을 담당해주던 하마카도 마미코濱門麻美子 씨에게는 각별한 도움을 받았다. 실은 이 책은 약 10년 전에 제안해 하마카도 씨가 담당해주기로 결정되었으나 원고가 좀처럼 마무리되지 않아 출판이 진행되지 못했다. 그동안 끝까지 참고 격려해주며 완성될 때까지 함께 달려주었다. 하마카도 씨의 적확한 조언과 편집에 얼마나 큰 도움을 받았는지 모른다. 충분치 않은 시간 속에서 어떻게든 이 책을 완성할 수 있었던 것은 하마카도 씨의 자상한 배려와 노련한 원조 덕분이다. 이와나미쇼텐과 함께 일을 할 수 있게 된 것도 하마카도 씨 덕분이다. 벌써 15년이나 과거의 일이지만, 단행본 출판의 제안을 받았다. 실은 학술서가 아니라 말에 관한 일반서 집필을 의뢰해주었는데, 이제 막 연구자의 길에 접어들었던 무렵이었기 때문에 아직 일반인을 대상으로 한 글을 써본 적이 없어서 학술서라면 쓰겠노라고 우겨『렉시콘lexicon의 구축レキシコンの構築』(도쿄대학교東京大学 하류 에쓰코針生悦子

교수와의 공저)을 출판했다. 나의 고집을 수용해주며 흔쾌히 출판을 맡아준 하마카도 씨 덕분에 무사히 책을 세상에 내놓을 수 있었다. 덕분에 이와나미쇼텐을 통해 그 후 신서『말과 사고』나『배움이란 무엇인가』를 쓸 수 있었고 그것을 계기로 또 다른 여러 인연도 생겨났다. 그런 하마카도 씨와 오랜만에 다시 이렇게 일을 할 수 있게 되어 참으로 기쁘고 감개무량하다. 하마카도 씨에게는 이번 작업뿐만 아니라 오랜 세월 동안의 인연, 많은 조언과 격려에 진심으로 감사의 마음을 전하고 싶다.

2020년 10월
이마이 무쓰미

옮긴이 후기

　저자는 이 책이 본인의 주요 저서『말과 사고』『언어 발달의 수수께끼를 풀다』『배움이란 무엇인가』에서 고찰된 세 가지 테마가 정확하게 겹쳐지는 가운데 지점에 있다고 파악하고 있다. 나 역시 번역 작업을 시작하기 전까지는 과거 번역했던 이와나미 시리즈의『외국어 잘하는 법』과『배움이란 무엇인가』의 중간쯤 되는 책이라는 생각하던 터라 공감이 가는 파악 방식이라고 생각했다.

　하지만 번역을 마친 지금, 어쩌면 내 생각이 틀렸을지도 모른다는 생각이 든다.『외국어 잘하는 법』이 언어학이라는 관점에서 외국어 학습에 접근하고 있다면 이 책은 인지심리학적 연구 성과에 근거하여 인식과 소통이라는 근본적인 문제를 다루고 있다. 코퍼스를 이용한 매우 실용적이고 합리적인 지식을 전달할 뿐만 아니라 스키마라는 개념을 도입하여 영어적인 발상과 몸에 깊숙이 각인될 수 있는 '지식의 시스템' 구축 방법도 안내해준다. 외국어를 전공으로 하고 있고 현재 학생들에게 외국어를 가르치는 교수 입장에서 이해가 되고 공감이 가는 측면이 적지 않았다. 때문에, 번역을 하다 말고 가끔 나도 모르게 고개를 끄덕이게 되었고 어쩌면 무릎을 내려쳤을지도 모른다.

이 책의 매력은 실은 그 너머에 있다. 그야말로 탄탄한 인지심리학적 고찰과 언어에 대한 흥미를 일깨우는 설득력 있는 논지가 황금비율로 섞여 있었다. 영어를 잘하기 위한 피상적인 테크닉을 알려주기보다는 좀 더 심오하고 흥미로운 언어의 세계의 심연, '깨어있는 마음으로' 배움을 심화시켜가는 지적 영위의 즐거움에 대해 말해주고 있다. 어디선가 본 적이 있던 것 같은 이 기시감의 정체는 과연 무엇일까. 일세를 풍미했던 베스트셀러 『외국어 잘하는 법』에 인지심리학이 장착되어 2020년 일본에서 간행되었고 2022년 한국에서 번역본이 간행될 이 책이, 앞으로 일본 사회나 한국 사회에서 어떤 평가를 받게 될지 무척이나 기대된다.

외국어 학습이 매력적인 이유는 신비로운 여행이기 때문이다. 낯선 외국어나 생소한 문화를 접한다는 의미가 아니다. 언어를 통해 나를 발견하고 세계를 발견한다는 뜻이다. 내가 말을 발견하는 것이 아니라 때로는 말을 통해 세상을 발견하고 나의 마음과 만나곤 한다. 아, 맞아. 내 마음이 이랬지. 이런 마음이 있을 수 있구나. 나는 이런 사람이었구나. 그리고 가끔씩 정말 운이 좋으면 '오즈의 마법사'처럼 문을 열었더니 낯선 세계가 펼쳐지고, 뛰어가다 보니 '토토로'와 부딪히기도 한다. 외국어를 배울 때 느꼈던 신비로운 세계와의 만남을 이 책을 번역하면서 다시 떠올려 볼 수 있었던 것은 역자의 지극히 개인적인 즐거움이었다.

노트에 적어두고 싶은 표현들이 많이 나왔다. 알기 쉽게 가르치면 배운 내용이 학습자의 뇌에 이식되어 정착될 거라는 사고는 환상에 불과하다고 한다. 가르치는 사람이 아무리 이해하기 쉽게 학습 내용을 제시해도, 만약 학습자가 기대하지 않는 내용을 가르치고 있으면 그냥 흘려버릴 가능성이 크다는 것이다. 열심히 가르쳤는데 학생들이 이해하지 못한 것처럼 느껴져 위축되었을 때 위로가 되어줄 말이다. 가설을 세우고 예측을 했지만 결국 그것에 배반당할 때 인간은 가장 뼈저리게 배운다고 한다. 왜냐하면 예측이 빗나갔을 때, 정보처리가 가장 심도 있게 발생해 기억에 깊이 각인되기 때문이다. 정보처리에 깊이가 없으면 기억에도 남지 않는 것이 인간의 '업'

이라고 한다. 학습법에 대한 힌트다. 이 이야기는 나의 학생들이나 수험생 딸에게 당장 문자로 보내주어야 할 것 같다. 번역이 끝나도 이리 바쁘다니, 신나는 일이다.

이런 분들이 이 책을 읽으면 좋을 것 같다. 이번 생에 영어는 이미 틀렸다고 생각하는 성인 학습자. 공부는 열심히 하는데 결과가 부실해서 자기도 모르게 자신의 학습법에 의구심이 생기는 수험생. 최선을 다해 알기 쉽게 가르치려고 노력했지만 학생들이 제대로 이해하지 않은 것 같다는 사실을 뒤늦게 깨닫곤 하는 선생님들. 분명 자녀가 내 말을 듣고 있는데 아무래도 듣고 있지 않은 것처럼 느껴지는 이 땅의 모든 어머니. 이 책을 읽고 나니 우리의 잘못은 하나도 없다. 인지 메커니즘에 대해 배움으로써 우리 마음의 짐을 덜고 세상에 존재하는 좀 더 신비로운 세계와 만나야 할 때다.

옮긴이 김수희

IWANAMI 072

혼자 하는 영어 공부

-인지과학 지식을 기반으로 한 합리적 영어 독학-

초판 1쇄 인쇄 2022년 2월 10일
초판 1쇄 발행 2022년 2월 15일

저자 : 이마이 무쓰미
번역 : 김수희

펴낸이 : 이동섭
편집 : 이민규
책임편집 : 조세진
디자인 : 조세연
표지 디자인 : 공중정원
영업·마케팅 : 송정환, 조정훈
e-BOOK : 홍인표, 최정수, 서찬웅, 김은혜, 이홍비, 김영은
관리 : 이윤미

㈜에이케이커뮤니케이션즈
등록 1996년 7월 9일(제302-1996-00026호)
주소 : 04002 서울 마포구 동교로 17안길 28, 2층
TEL : 02-702-7963~5   FAX : 02-702-7988
http://www.amusementkorea.co.kr

ISBN 979-11-274-5088-5 04740
ISBN 979-11-7024-600-8 04080 (세트)

EIGO DOKUSHU HO
by Mutsumi Imai
Copyright © 2020 by Mutsumi Imai
Originally published in 2020 by Iwanami Shoten, Publishers, Tokyo.
This Korean print edition published 2022
by AK Communications, Inc., Seoul
by arrangement with Iwanami Shoten, Publishers, Tokyo

지성과 양심 이와나미岩波 시리즈